Noctambulandia

Compás de espera
en treinta Lunas

Santiago Ontañón

Esther López Sobrado (ed)

Memorias (in) surgentes

Primera edición: noviembre 2025

ISBN: 978-84-129190-1-1

Noctambulandia. Compás de espera en treinta Lunas es un libro editado por La Vorágine dentro de su colección memorias(in)surgentes.
Edición y selección de textos: Esther López Sobrado
Portada: Laura Ibáñez López
Revisión y diseño gráfico: La Vorágine

La Vorágine
Calle Cisneros, 69
39007 Santander
www.lavoragine.net/editorial/
editorial@lavoragine.net | 942 375226

Índice

Introducción /
La memoria no es una elección

Esther López Sobrado no eligió tener memoria. Es una ciudadana responsable con su tiempo y eso hace que no haya elegido, sino que haya ejercido su responsabilidad al investigar, comprender y difundir el legado de numerosos creadores cuyo trabajo y compromiso con la vida habían sido ocultados bajo la densa niebla de la dictadura y de la amnésica Transición.

La obra de López Sobrado nos conecta con lo que somos, nos introduce en lo que pudimos ser y nos advierte de las terribles consecuencias de los totalitarismos y de sus políticas de cancelación —que, por supuesto, no son un invento *woke* del siglo XXI—. Son muchos los logros de esta doctora en Historia del Arte que desde Las Merindades ha viajado por medio mundo para develar las figuras de artistas como Luis Quintanilla, Ricardo Bernardo o Rufino Ceballos, entre otros. Y, por supuesto, de Santiago Ontañón.

Santiago Ontañón resume, quizá, la historia de la niebla que no nos permite ver(nos). Multicreador, conectado con todas las vanguardias, tejedor de amistades y complicidades, defensor de los valores de la democracia, e impulsor de la transformación cultural y social que este país se atrevió a comenzar durante la II República y que tanto molestó a las élites políticas, militares, económicas y religiosas que vieron amenazado su monopolio sustentado en el control social y el expolio (del trabajo, de las conciencias, del arte, de los cuerpos, de la vida, al fin).

Por eso, para La Vorágine era importante recoger el desafío que nos planteó Esther López Sobrado: realizar un homenaje en Santander, su ciudad, a Santiago Ontañón justo en la fecha en la que se cumplen ciento veintidós años de su nacimiento y treinta y seis años de su fallecimiento «en la soledad, la ancianidad y el olvido, superviviente de una generación que empezó a inventarlo todo (...)», como escribiera otro hombre digno: Eduardo Haro Tecglen. Para La Vorágine la memoria de artistas como Ontañón tampoco es una elección. El día que decidimos crear un espacio de cultura crítica donde los silencios se astillaran desde la raíz, estábamos sellando este compromiso con la memoria de personajes como Santiago Ontañon y de épocas como las que él empujó.

Descubrirás en este libro una historia fascinante, la de la revista *Luna*, un ejercicio de resistencia sin posibilidad de repercusión que un grupo de asilados en la embajada de Chile en Madrid conjugaron en 30 números alucinantes.

Cuando entiendas la monumental dimensión de lo que ocurrió en un piso de la calle Prado de Madrid entre marzo de 1939 y octubre de 1940 habrás recibido una dosis inconmensurable de energía para las resistencias que nos tocan a nosotras.

La Vorágine quiere agradecer públicamente a Esther su empuje, su energía, su capacidad de emocionarse y de emocionarnos. Sin su alma, este ejercicio de memoria no habría existido. Gracias por no dejarnos elegir.

Colectiva La Vorágine, octubre de 2025

A mi amiga Julita Portal, la de la dulce sonrisa.
Por su alegría de vivir.
In memoriam

Noctambulandia

Esther López Sobrado

¿Noctambulandia?
¿Qué significa?
¿Pero, existe esa palabra?
No. En el diccionario de María Moliner aparece tan solo Noctámbulo-a para aludir a la «persona que desarrolla durante la noche la actividad que, ordinariamente, se desarrolla durante el día».
Al finalizar la Guerra de España no existía el verbo intransitivo "noctambular" que hoy recoge la RAE. Pero eso le era indiferente a ese grupo de exiliados en el centro de Madrid. De hecho, la invención de palabras era común a los miembros de la Generación del 27. Recordemos el nombre de *Anfistora*, creado por Federico García Lorca, referido a una de las criadas de su casa granadina. A esta mujer inventada dedica Santiago Ontañón tres de las portadas de la revista *Luna*, la primera revista del exilio español.
Pero vayamos al inicio de *Noctambulandia*.
En los primeros días de marzo de 1939 Santiago Ontañón (Santander, 1903 – Madrid, 1989) había intentado salir de España por el Levante español para trasladarse a Francia. Ante la imposibilidad de encontrar un pasaje en ninguno de los barcos que partieron de Alicante o Valencia, se vio obligado a regresar a Madrid, con el temor por su vida como equipaje. Gracias a la colaboración de una de sus hermanas y a la ayuda de sus amigos, los Morla Lynch,

logra que su nombre sea uno de la lista de diecisiete[1] que se refugiaron en la Embajada de Chile en la Calle Prado 26 frente al Ateneo de Madrid.

Entraban el 28 de marzo buscando salvar sus vidas, el mismo día que las tropas de Franco lo hacían en Madrid. Suponía el final de una guerra de casi tres años. Desconocían el tiempo que podrían permanecer allí. Tampoco imaginaban lo complicada que esta espera iba a ser. Pero decidieron sobrevivir con imaginación, algo que les caracterizaba a todos. El arte nos hace humanos, nos redime. Nos salva, porque nos permite ahuyentar el miedo que siempre nos paraliza. Lo consiguieron escribiendo, dibujando, ilustrando...

Escribir este texto me ha permitido aparcar por momentos el miedo y la angustia que me invadían viendo cómo, poco a poco, iba perdiendo la vida una entrañable amiga, que ha traído a mi vida luz, alegría y generosidad. Quizás haya podido, por ello, estar más cerca de estos magníficos creadores.

Para no embrutecerse —como Ontañón recordaba en sus memorias—, decidieron primero realizar un periódico al que titularon *El cometa*, en honor al que en aquellas fechas surcó el cielo madrileño; unos meses después, llegó el turno a la revista, *Luna*, al estilo de *Revista de Occidente*, que tan bien conocía el escenógrafo, pues había participado en ella como dibujante.

---

1 Los 17 refugiados eran: Pablo de la Fuente (escritor), Antonio Aparicio Herrero (escritor), Edmundo Barbero (actor), Antonio de Lezama (periodista), Arturo Soria Espinosa (abogado), Julio y Aurelio Romeo del Valle (estudiante y abogado, respectivamente), José Campos Arteaga (estudiante), tres médicos riojanos (José García Rosado, Esteban Rodríguez de Gregorio y Luis Vallejo Vallejo), Luciano García Ruiz (abogado), Fernando Echevarría Barrio (arquitecto), Antonio Hermosilla Rodríguez (periodista) con su hijo Luis Hermosilla Cívico (estudiante), Eusebio Rebollo Esquivillas (contable) y Santiago Ontañón (escenógrafo).

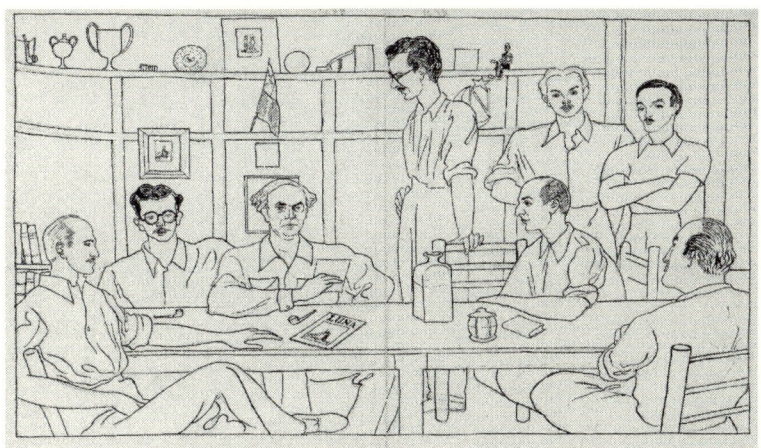

De izqda. a dcha.: Aurelio Romeo, José Campos, Antonio de Lezama, Pablo de la Fuente, Julio Romeo (sentado), Antonio Aparicio, Edmundo Barbero y Santiago Ontañón (de espaldas).

Esta improvisada redacción estaba formada por los hermanos Julio y Aurelio Romero, Edmundo Barbero, José Campos, Antonio de Lezama, Antonio Aparicio, Santiago Ontañón y Pablo de la Fuente. Santiago Ontañón era el dibujante e ilustrador. Fue el autor de las treinta únicas portadas de la revista, así como de las más de 150 ilustraciones interiores —sobre todo dibujos coloreados a gouache y acuarela, y algunas ilustraciones a tinta—.

En un primer momento, el grupo se identifica como *La república de las letras*, para pasar después a denominarse *Noctambulandia*. Por si tuviéramos alguna duda de la invención de este sugerente nombre, en el último número de la revista hacen una declaración de intenciones. Reconocen que, poco después de ser recibidos en la Embajada, los redactores estrecharon sus lazos emocionales. Acostumbraban a hablar de su pasado y del futuro que esperaban tener, compartían gustos, surgían nombres de personas a las que respetaban profundamente, otras a las que aborrecían, y así, poco a poco, fueron amontonando de manera ordenada las piedras «para construir nuestro gran edificio: NOCTAMBULANDIA».

No fue caprichoso su deseo de vivir y trabajar de noche. No podían escribir de día.

«(...)porque los días no nos pertenecían a nosotros solos, porque el día era nuestro enemigo. Era bajo la luz del sol cuando se reunían los tribunales para condenar implacables y vengativos, era al apuntar el día cuando las sentencias se ejecutaban y bajo este anuncio del día no podíamos sentirnos liberados de todo el peso que nos oprimía. Solo cuando llegaba la noche, cuando el sueño impedía a los jueces seguir firmando sentencias de muerte, cuando acudía en ayuda de los encarcelados para hacerles olvidar su triste condición y su aún más triste destino, comenzaba nuestra vida. (...) Necesitábamos vagar por una ciudad dormida para recorrer en paz y tranquilidad todos sus rincones, sin encontrarnos con desagradables visiones. La noche es tiempo de fantasmas, y fantasmas y aparecidos evocábamos nosotros en nuestras conversaciones».

Al llegar los primeros rayos del día, se iban a descansar. Esta peculiar convivencia durante meses en un reducido espacio del que no podían salir hizo que se conocieran magníficamente.

«Porque después de tan largos meses como llevamos conviviendo encerrados en tan estrecho marco, nos conocemos muy bien. Sabemos lo que cada cual es capaz de proporcionar a los otros y conocemos hasta qué punto somos capaces de renunciar a favor de los demás. No podemos tener secretos entre nosotros. (...) Es amistad lo que en nosotros existe, y, en esa mesa de ceder y retener, de aceptar al amigo con sus vicios y virtudes, tapando unos con las virtudes propias, utilizando las otras para cubrir vicios propios, sinceramente, sin tapujos ni reservas, reside la fuerza de NOCTAMBULANDIA porque sin la amistad esta labor no podría existir».

En este último número, redactado la noche del 16 al 17 de junio de 1940, mientras esperan poder por fin partir hacia el exilio en América del Sur, tratan de recordar lo que ha supuesto en sus vidas la experiencia vivida en la Embajada, deseando «conservar esos sentimientos que nos llevaron a reunirnos en estrecho abrazo, evocar las noches empleadas en trenzar fantasías que habían de cuajar en proyectos». Eran conscientes de lo importante que había sido para sus vidas apoyarse en *Noctambulandia*, pues como evocaban «era lo mejor de nosotros mismos, lo que se salvó del naufragio y fuimos recogiendo a lo largo de los interminables días del refugio. (...) Amistad, amistad sincera».

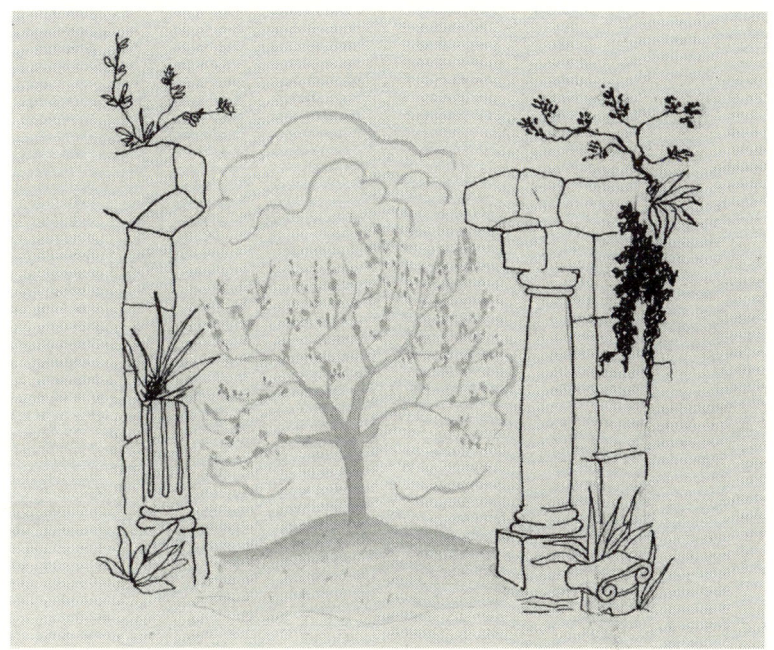

Amistad transpira la revista, que se encuentra depositada en la Biblioteca Central de la Universidad de Chile. Al contemplar, cuando llegué a Santiago de Chile en el verano de 1991, los treinta únicos ejemplares encuadernados en cuatro volúmenes en piel azul no podía contener mi emoción. Nunca había vivido una situación igual. Pude acariciar a lo largo de varias mañanas, gracias a la amabilidad de Darío Oses[2], estos ejemplares únicos, detenerme en leer sus artículos, ver la belleza de las imágenes de Ontañón, sabiendo en qué situación tan extrema se habían realizado. Esta sensación me sigue acompañando hoy, trascurridos más de treinta años.

2 Periodista, novelista y subdirector de la Biblioteca Central de la Universidad de Chile. [Nota de la editorial]

Me sigue emocionando profundamente comprender lo que debió de suponer para ellos encontrar ese espacio seguro, ante tanta ruina y sufrimiento a su alrededor. Habitar el refugio que suponía para cada uno de ellos la Embajada hace que vengan a nuestra memoria algunos pensamientos de Gastón Bachelard que señala que el principal valor de la casa es el de ser un espacio de protección, un lugar donde se crea vida y donde ésta se refugia. Es para el filósofo francés el escenario de los sueños, recuerdos y evocaciones. Sin duda alguna, todo esto fue la embajada para estos diecisiete seres humanos: su casa. Se convirtió ese espacio habitado en un ojo abierto a la noche, como indica Bachelard. Es una verdadera lástima que no se pueda visitar el piso donde se cobijaron. Sus muros atesoran vivencias, conversaciones, miedos, esperanzas ...

Debieron ser especialmente angustiosos los primeros días de su asilo en la Embajada, puesto que, cuando llegaron, Chile aún no había reconocido al Gobierno de Franco y esta situación se mantuvo hasta el 6 de abril de 1939. Dos días después de este reconocimiento deja la Embajada Carlos Morla Lynch, encargado de negocios y amigo de Ontañón, al que con Federico García Lorca visitaba casi a diario en los años de la República. Lo sustituye Enrique Gajardo. El 5 de abril, un grupo de exaltados había asediado y atacado la Embajada, intentando sacar de allí a los asilados. Gracias a la colaboración de Morla Lynch y Gajardo, quien se puso en contacto con el general Espinosa de los Monteros, comandante militar de Madrid, se acabó abortando el asalto. La llegada, por lo tanto, no pudo ser más azarosa. Imaginamos la ansiedad y el miedo que convivieron con ellos estos primeros días. La idea era conseguir un salvoconducto para trasladarse a América del Sur, otro hecho que se fue dilatando y complicando. En octubre de 1939 lograron salir para Francia Fernando Echevarría, Antonio Hermosilla, Arturo Soria y Luis Vallejo. La salida de los demás se fue prolongando. El 2 de abril de 1940 el embajador de Brasil propone como fecha emblemática para la evacuación el Día de la Hispanidad —12 de octubre—, pero el 16 de julio se rompen relaciones diplomáticas entre Chile y España, hecho que complicó notablemente las cosas. Gracias a la mediación del embajador de Brasil, a mediados de septiembre, logran salir ocho refugiados más, partiendo por fin el 12 de octubre camino de Lisboa Santiago Ontañón, Edmundo Barbero, Pablo de la Fuente, Antonio de Lezama y Luis Hermosilla. Conocemos la serie de peripecias vividas hasta que lograron partir en el barco "Siqueira Campos" camino de Río de Janeiro gracias a los recuerdos de Ontañón[3].

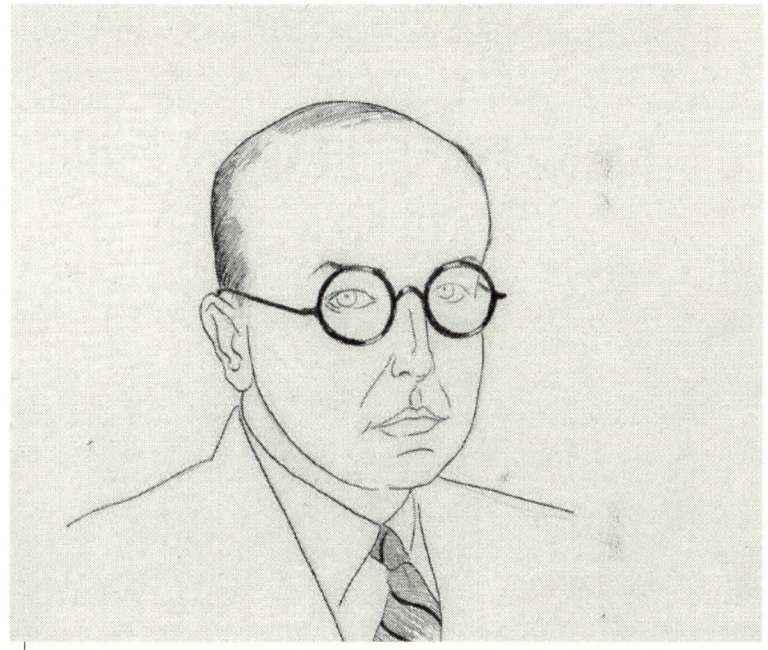

Germán Vergara Donoso

También gracias al escenógrafo conocemos el diario acontecer de este grupo de personas encerradas. Para todos, y de modo muy especial para Santiago, las visitas de su hermana Sara eran un soplo de aire fresco que les llegaba del exterior. La vida en el exterior les estaba prohibida, de ahí el enorme valor que para ellos suponía recibir alguna visita de familiares o amigos. Conocían lo que ocurría

3 Ver: ONTAÑÓN, S., MOREIRO, J.M.: *Unos pocos amigos verdaderos.* Ed. Banco Hispano Americano

fuera a través del personal de la Embajada, de la radio o de las cartas que recibían. Así se enteraron de la condena a muerte a Miguel Hernández, gracias a una nota manuscrita que les remitía el poeta desde la cárcel y que les entregó el embajador, Germán Vergara Donoso. En ella les contaba que había sido condenado a muerte y que hicieran lo posible por intentar salvarle. Resulta curioso que desde la cárcel solicitara ayuda a sus amigos también encerrados. Aun así, lo intentaron del único modo que les era posible: escribiendo cartas a amigos comunes. Ontañón recordaba haber escrito tres: a los hermanos Álvarez Quintero, a Víctor de la Serna y a Enrique Borrás, aunque no recibió contestación salvo de los Quintero. La mediación de José María de Cossío acabaría transformando la condena a muerte en otra de treinta años.

Pero el diario acontecer estaba plagado de aparente normalidad. Jugaban mucho al ajedrez, actividad en la que destacaban Fernando Echevarría, Pablo de la Fuente y Aurelio Romeo. Santiago compartía habitación con José Campos, Pablo de la Fuente, Edmundo Barbero y Aurelio Romeo.

Recordaba también Ontañón momentos de placidez en los que, como unos vecinos más de la calle Prado 26, se divertían arrojando bolitas de miga de pan desde los balcones de las habitaciones a la escultura situada en el centro del patio, que hace años seguía en pie en mitad del geométrico jardín de boj, un extraño remanso de paz donde cantaban los pájaros de este microcosmos de naturaleza. Uno de los días que jugueteaban a disparar a la estatua, por error, dieron a la

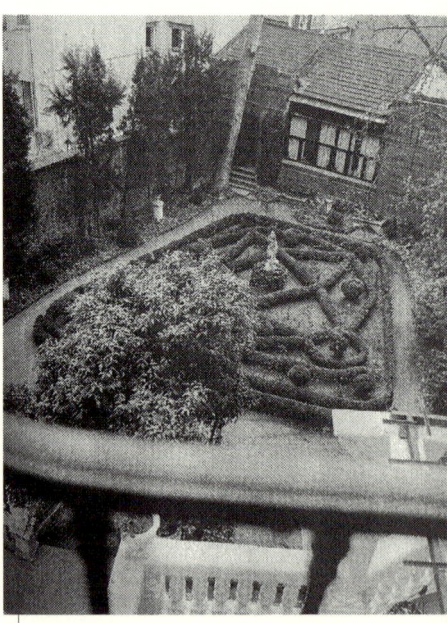

Patio de la Embajada de la calle Prado

esposa e hija del embajador que se encontraban paseando por el patio. Pronto se personó la mujer, sugiriéndoles que dedicaran su tiempo de encierro a estudiar, por ejemplo, inglés. Al comentarle que todos eran al menos bilingües, fue consciente de la preparación intelectual que este grupo poseía. Hubo otras situaciones divertidas, como las burlas a las que eran sometidos por una vecina. Frente a sus ventanas se disponía un colegio de señoritas, a las que su cuidadora obligaba a cantar el *Cara al sol* todos los días después de comer, con las ventanas abiertas. Según el escenógrafo, las jóvenes desafinaban; ellos entonces, a modo de desafío y broma, acompañaban su cántico con silbidos. Eso sí, mucho más afinados, en opinión de Ontañón.

Pero no todo fue placidez en su estancia. Hubo estresantes situaciones en las que temieron por sus vidas, como ya hemos comentado. Ante una situación vital tan complicada, necesitaban conectar con el mundo de la creación para que la estancia pudiera ser sobrellevada. Decidieron entonces organizarse como un auténtico equipo de redacción, Pablo de la Fuente sería el director, Ontañón responsable del diseño y de las ilustraciones, aunque también dejó escritas varias páginas, Antonio Aparicio era el responsable de la sección de poesía, Edmundo Barbero de las críticas teatrales, dejando a José Campos, Antonio de Lezama y los hermanos Romera las narraciones y críticas literarias.

La revista tiene unas medidas de 29 x 20,5 cm. y cuenta con un total de 1.341 páginas,

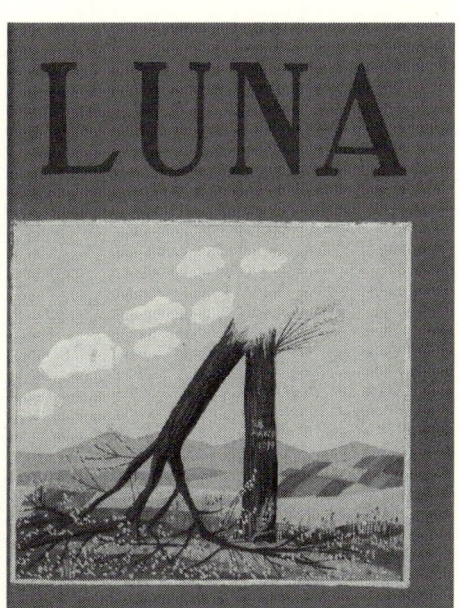

Luna, nº 18

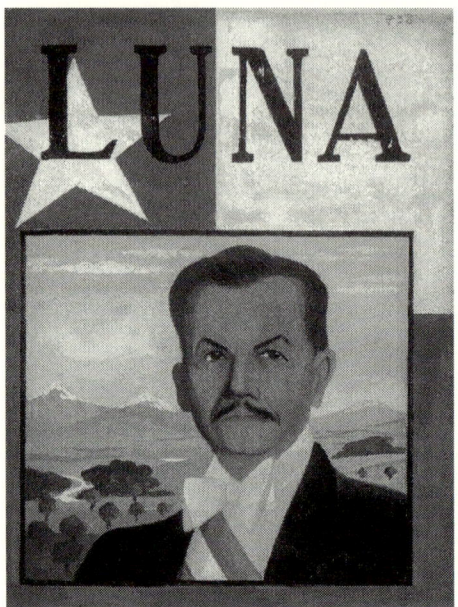

Luna, nº 19

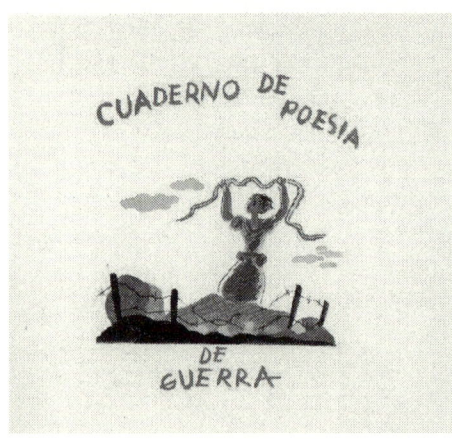

con un índice onomástico al final, para poder localizar fácilmente los artículos o a sus autores. El formato, viene a ser, con algunas ligeras modificaciones, prácticamente el mismo en todos los números, aunque el último, el número 30, posee el triple de la paginación habitual —130 páginas—, con un apartado especial titulado *Compás de espera*. Conviene también recordar que existen tres números monográficos: el número 18 —confeccionado la noche del 24 al 25 de marzo como homenaje por el fin de la guerra— es el más político de los treinta—, el número 19 confeccionado la noche del 31 de marzo al 1 de abril— supone un homenaje a Chile al cumplirse un año de su asilo en la Embajada, y el número 28, escrito cuando creían que iban a salir para el exilio —la noche del 2 al 3 de junio de 1940— y que está plagado de reflexiones sobre la fugacidad de la vida y sobre el futuro. No debemos olvidar tampoco la dificultad que suponía en aquellas complicadas circunstancias encontrar cintas para mecanografiar las revistas. De hecho, esa situación, que llega a convertirse en un verdadero problema en alguna ocasión, es la responsable de que la tinta de los números 25 y 26 sea casi inexistente, dificultando su lectura.

Luna, como cualquier publicación periódica, posee una serie de secciones fijas. Destacamos entre ellas las críticas teatrales de Edmundo Barbero por la peculiaridad que supone que su autor fuese actor. También debemos matizar la importancia que la poesía tiene en la revista, baste recordar que una de sus secciones era *Cuaderno de poesía,* que se acaba convirtiendo, al final de los treinta números, en una estupenda antología poética. Hay siempre en todas las antologías poéticas un deseo de memoria y evocación.

La memoria es para Ana González Neira[4] una de las más notables características de la revista *Luna* y de este grupo de republicanos que necesitaban recordar para que el olvido no se llevase sus ilusiones. Vivir no es tan importante como recordar, decía María Teresa León. Necesitaban tener una referencia a la que asirse en un encierro del que no conocían el final. Encerrados en ese espacio finito, las referencias a sus vidas anteriores les permitían el contacto y la conexión con sus familias y sus amigos. Más de 350 números de *El cometa* y los 30 únicos ejemplares de la revista hablan por sí mismos de esta necesidad de recordar.

En esa necesidad de perpetuar, *Luna* fue una ventana abierta a la esperanza, sin la que la posibilidad de resistir hubiera sido mucho más difícil. En los artículos vierten sus autores su incertidumbre y su ansiedad, como evidencia el rela-

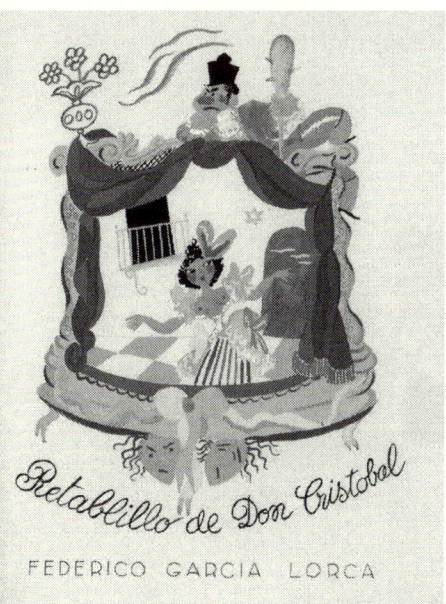

Retablillo de Don Cristobal

FEDERICO GARCIA LORCA

4 GONZÁLEZ-NEIRA, Ana: La memoria en "Luna", la primera revista cultural del exilio. Atti del XXI Convegno (Asociacioni Ispanisti Italiani), Salamanca 12-14, septiembre 2002. Vol. I (Letteratura della memoria) pág. 309-322

to "En la repisa", de Aurelio Romero[5], donde el joven, cual Alicia, observa aterrado cómo ha menguado su estatura y se encuentra en su desasosegante habitación con los problemas que la reducción de tamaño le suponen. Gracias a este texto podemos imaginar la habitación con las cinco camas donde duermen sus amigos Pablo, Barbero, Santiago y Pepe, como los enumera y nombra en su relato. Las fotografías de sus padres en la repisa de la habitación le hacen creer que son seres reales, generando una onírica situación en la que sus

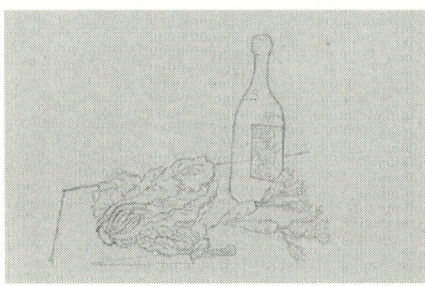

jóvenes padres cobran vida y son incapaces de reconocer en esa figura menguante al hijo que años después tendrán. Esta agobiante sensación le hace exclamar: «¿Sueño, realidad? No lo sé, ni lo sabré nunca. La razón me dice que todo ha sido fantasía; el corazón desea que fuera ensoñación».

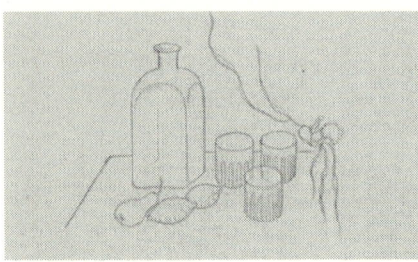

Tristeza, profunda melancolía recorre la revista. El abatimiento hace derramar lágrimas a Aurelio Romeo en la cena de Nochebuena de 1939 y, para que no se olvide esta experiencia emocional, lo anota en la revista:

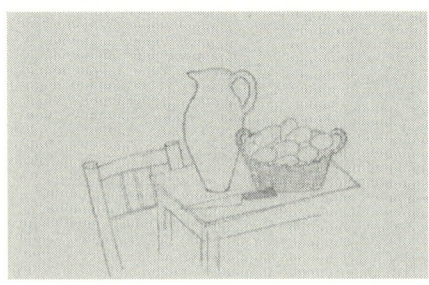

«Somos diez a la mesa. La Nochebuena de 1939 está ante nosotros. Lo que no imaginábamos que pudiera ser cierto ha sucedido. Día a día, las hojas del calendario han ido cubriendo las esperanzas de liberación. Noche Triste en nuestra vida de lucha por la libertad.

---

5 "En la repisa" es el primer relato que aparece publicado en *Luna*, nº 17. Pág. 369 de la edición de Edaf.

Noche doblemente triste. Porque hemos perdido nuestra patria, porque estamos lejos del amor. España y los españoles celebrarán dos nochebuenas: alegre los ganadores, amarga los que todo lo han perdido. (...)

»Sobre la mesa, una cena abundante y escogida nos ofrece en comunión con los vinos, amplias perspectivas. Risas, animación buscada. Pero todo suena a hueco, todo es artificial. Es la noche más dolorosa de cuantas han desfilado en mis veintiséis años de vida. (...) Queremos imaginar por un momento que estamos libres. En apariencia nada nos falta: magnífico menú y amigos. Nada nos falta materialmente. (...) Disponemos de mayor abundancia que muchísimos españoles que gozan de libertad, pero hay algo que nos oprime el alma: somos prisioneros. (...)

»Vamos comiendo, y a media cena el silencio es impresionante. Alguien intenta, sobreponiéndose a sus propias penas, alegrar la reunión. Cantamos. (...)

»Buscamos música en la radio. Apenas funcionan estaciones. Para nosotros, los vencidos, refugiados, no hay alegría exterior. (..) Hacemos teatro, circo, todo lo que se nos ocurre. Nuestra alma está muy lejos»[6].

Aurelio Romeo, tal vez por su juventud, es de todos, posiblemente, el que con más frecuencia deja entrever su profunda melancolía: «¿Cuándo llegará mañana? Quiero emprender ese viaje, cuyo final me es desconocido, quiero que vuelvan las hojas del libro de mi existencia, donde con letras de fuego está escrito mi destino, quiero ir conociendo sus secretos»[7].

En otras ocasiones, a través de algún artículo conocemos hechos importantes en su diario acontecer, como ocurre con la descripción del traslado que sufrieron desde la calle Prado hasta el Paseo de la Castellana:

«Después de largos meses contemplando la estatua del Anfitrite hemos salido a la calle, y desde la que lleva el nombre del Prado hasta la casa del paseo de la Castellana que hace esquina a la de Miguel Ángel,

6   ROMEO, Aurelio: "Nochebuena 1939". En *Luna*, n° 5. Editorial Edaf, Pág. 167

7   ROMEO, Aurelio: "¿Cuándo llegará mañana?". En *Luna*, n° 15. Editorial Edaf, Pág. 335

hemos contemplado, con más tristeza que asombro, nuestro admirado Madrid, el Madrid que defendimos con toda el alma y que, al entregarse de manera que algún día analizará la historia, se han derrumbado nuestras esperanzadas alegrías, vacilando la fe en el porvenir»[8].

En este artículo, Antonio, de Lezama describe sus emociones al contemplar por un breve espacio de tiempo las calles de su añorado Madrid, tras sus primeros seis meses de encierro casi enfrente del Ateneo madrileño. A su llegada, describe lo que ven a través de las ventanas y acaba, de nuevo, evidenciando sus sentimientos y describiendo la ciudad tras la guerra:

«Un cielo de color de plomo, un frío seco y agudo como cuchillo de monte hacen el día desapacible y a tono de las circunstancias. Los breves minutos que ha durado nuestro paseo por Madrid, nos han desilusionado, porque no hemos encontrado el Madrid alegre de antes de la guerra, ni el Madrid heroico de la lucha, sino el Madrid vencido, humillado, hambriento y rencoroso. Nuestro paseo ha sido el camino del Calvario»[9].

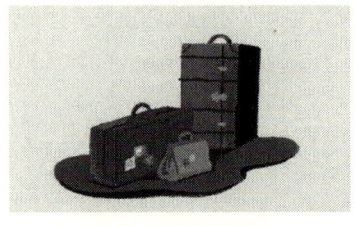

Preocupación encontramos también, sobre todo cuando ven cercana la fecha de salida de la Embajada.

«Cuando la salida no era más que una idea fija, pero sin que nos atreviésemos a hacernos ilusiones sobre su propia realización, era más fácil desentenderse del pensamiento de las dificultades. Hoy ya no. (...) Lo real es que nuestro grupo de los noctámbulos se va a dividir en dos. Que la mayoría, los que vamos a Chile, contamos encontrarnos allí con amigos que han de dar a la vida, en los primeros momentos, un carácter de reanudación de viejas ideas y antiguos compromisos. Esta acogida no dejará de envolvernos en un agradable ambiente de suavidad

8 LEZAMA, Antonio de: "De la calle del Prado al Paseo de la Castellana". En *Luna*, nº 6. Editorial Edaf, Pp. 184-185

9 Ib.

perezosa ¡Hay tanto de lo que hablar! (...) Lo que todos llevamos encima es una responsabilidad inmensa. Como hombres que se ven obligados a rehacer todos los pasos de su vida y como emigrados políticos de cuya conducta se han dicho tantas infamias que nos fuerzan a no incurrir en ligerezas, a otros, quizás disculpables»[10].

Y en esta necesidad de no olvidar que, como hemos visto, caracterizó su encierro, hay que nombrar la figura de Jesucristo Riquelme, responsable de la edición en el año 2000 de la Revista *Luna* para la editorial Edaf. Un nuevo siglo visibilizaba la redacción de esta revista. Una vez más deseo agradecer su esfuerzo y entusiasmo.

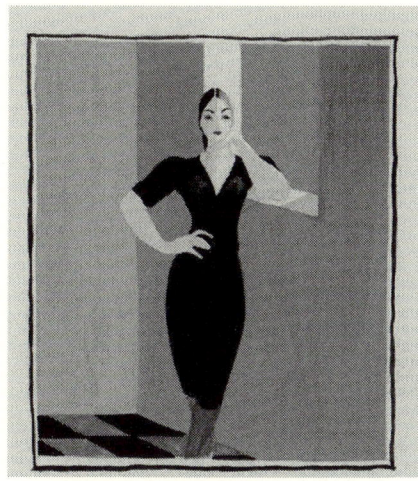

10 FUENTE, Pablo de la: "Divagaciones. Los proyectos". En *Luna*, nº 30. Editorial Edaf, pág. 578

Santiago Ontañón y *Luna*

Es inestimable el trabajo de Santiago Ontañón en el periódico *El cometa* y en *Luna*. Antes de hablar de su labor en la revista, conviene recordar brevemente que *El cometa* tuvo más de trescientos ejemplares, en los que Ontañón hacía la cabecera e ilustraciones. El trabajo artesanal de ocho personas recluidas por espacio de más de un año es más que suficiente para agradecer y reconocer su ilusión, esfuerzo y trabajo. Es una pena que los hermanos Romeo, quienes con todo su amor habían encuadernado estos ejemplares, fueran los encargados de su destrucción por el miedo a que lo que habían escrito les pusiera en peligro. A pesar de que no existen estos ejemplares, es importante recordarlos y saber que fueron destruidos por el temor de que sus palabras pudieran llegar a comprometer sus vidas.

Luna entendían sus redactores que no les comprometía, al tratarse de una publicación de tipo cultural. En el primer número, redactado la noche del 26 al 27 de noviembre de 1939 justifican la elección del nombre:

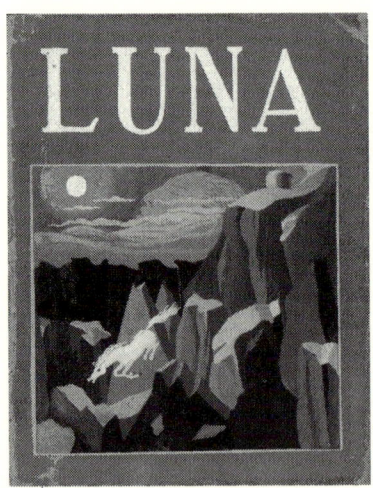
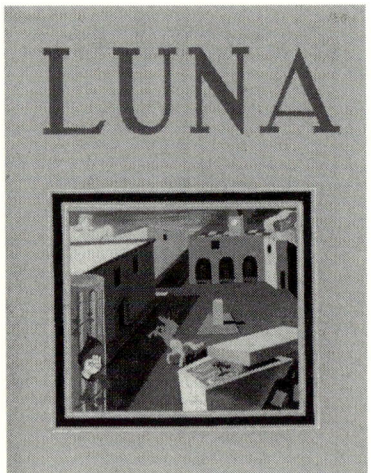

Luna nº 13, Luna nº 6

Nueva luna
en un cielo sin ninguna.
(...)

Bajo un cielo inseguro
alza su temblor de plata
una voz que se dilata,
un son rebelde y madura:
una luna
por un cielo sin ninguna.
(...)
Luna con la sangre escrita
de tantos ejecutados,
hermanos nunca olvidados,
sangre que en nosotros grita
LUNA: que sea nuestra voz,
como española sincera,
dorada como una era
cortante como una hoz ...

El trabajo de Ontañón en la revista no solo se circunscribe a la maquetación e ilustración, trabajo realmente importante y necesario, sino que también es autor de textos en gran parte de los ejemplares.

Como ilustrador su trabajo más ambicioso es la confección de las treinta portadas, de las que me gustaría destacar además de alguna de gran vanguardismo, con conexiones surrealistas —*Luna* 6—, las portadas en las que la protagonista es *Anfistora* (*Luna* 1, 3 y 30).

Anfistora es el nombre creado por Federico García Lorca para referirse a una de las sirvientas de su familia, a la que conocía desde niño. La creación de esa mujer literaria unió a los amigos mientras imaginaban cómo era *Anfistora*, para después tratar de recrearla Ontañón plásticamente. Así lo reconoce en el primer artículo que el escenógrafo escribe en la revista, con un lirismo asombroso, gracias al que es fácil percibir el valor de la palabra.

«La palabra acababa de ser creada. Esa es la gran virtud de la poesía. Nace la palabra, de expresiva fonética, sin saber cómo, porque sí. Es la paloma apoyada en el hombro del poeta susurrando al oído. Anfistora. Como siguiendo ese corto recorrido que va del oído a los labios salen las cuatro sílabas que el poeta precisa y concreta, la acomoda, da lugar en el lenguaje.

»Anfistora. Suena la palabra dentro del cerebro, como el sonido recogido en el nacarado espiral de una caracola y el poeta la clasifica. Anfistora es esto y ya está.

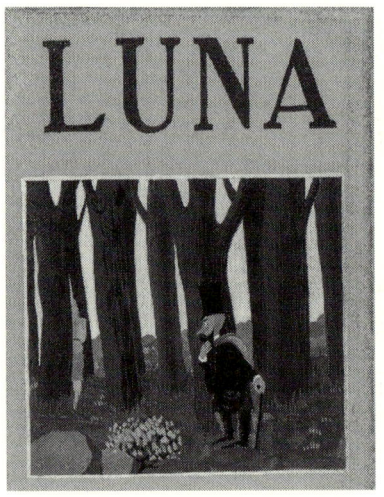

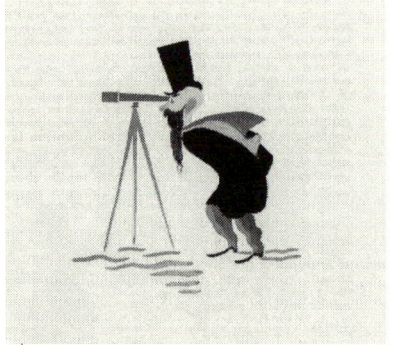

Luna nº 17

»Teníamos Lorca y yo le compromiso de dar a conocer esta estupenda señorona que es Anfistora. Yo le había de dar plasticidad y él disertar, descubrir ante las imágenes todo lo conmovedor y sutil de esta matrona personalísima. (...) ¡Cuantas horas deliciosas he pasado junto a Federico matizando los recónditos aspectos de nuestra Anfistora! (...)

»Ya no podrá sentirte tu poeta. Yo humildemente te prometo acariciarte con la suave marta de los pinceles y conseguir que aquellas almas sensibles y escrutadoras te amen como él y yo amamos siempre».

Este recuerdo está presente en la portada del primer número de la revista, donde aparece la cartela «Anfistora en su lecho de rosas»; en el número tres aparece con un espejo, y en el último número representa a «Anfistora despertando de un sueño de treinta lunas» con el espejo a su lado, en el que descubrimos el rostro del escenógrafo.

Existen otras curiosas portadas (*Luna* 14, 15, 16 y 17) en las que aparece un extraño personaje que se nos antoja sacado de una comedia de enredo. Gracias a un artículo de Antonio de Lezama sabemos que se trata de un lujurioso armador santanderino del que acostumbraba hablarles Ontañón: D. Inverecundo, casado con Doña Digna, pero enamorado de la joven Dña. Paquita, hecho que genera divertidas situaciones. A lo largo de estas cuatro portadas recoge el escenógrafo alguno de los episodios que Lezama describe en su artículo "Aventuras y desventuras de Don Inverecundo"[11].

A pesar de que destacan las portadas por su calidad, no debemos olvidar el resto de ilustraciones de Ontañón, no solo los gouaches a color, sino las ilustraciones realizadas a pluma, algunas de las que reproducimos en la presente edición, pues, aunque sean de pequeño tamaño, entendemos que poseen una gracia especial.

En la revista también encontramos artículos escritos por Santiago Ontañón. Son estos textos los que hemos escogido para su publicación, en lo que consideramos un homenaje al escenógrafo en su tierra, puesto que, si exceptuamos el Curso de la Escuela de Verano de la Academia de Artes Escénicas de España, celebrado en Santander en 2022[12], nunca se le ha rendido el tributo que se merece a lo largo de los más de cien años transcurridos desde su nacimiento. El mejor modo de conocer a un creador es a través de sus obras, pero las escenografías son lo más fugaz y perecedero del teatro, solo las identificamos a través de las fotografías, bocetos, si se conserva milagrosamente algún elemento, las críticas periodísticas... Los escritos, si no están publicados son también algo efímero, su vida

---

11 LEZAMA, Antonio de: "Aventuras y desventuras de D. Inverecundo". Revista *Luna*, n° 17, Edit. Edaf, pp. 371-372

12 Nos referimos al curso "Santiago Ontañón. La escena social", desarrollado en la Filmoteca de Cantabria Mario Camus del 18 al 21 de julio de 2022.

depende de la de su autor y herederos. De ahí la importancia de estos textos, que evidencian la labor de escritor de Santiago Ontañón, puesto que se conservan muy pocos de los que escribió a lo largo de su vida el escenógrafo.

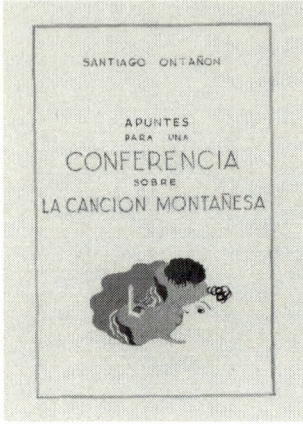

De entre los publicados en *Luna*, me gustaría destacar los relacionados con el mundo del espectáculo. "El perro", breve pieza teatral describe a un matrimonio de ancianos visitados por la muerte, que acabará llevándose al esposo. En este texto podemos encontrar resonancias de "La dama del alba", de Alejandro Casona (1944). "Elvira" es el primer acto de un drama que desconocemos si llegó a terminar. Merece la pena destacar el conocimiento del mundo teatral que posee el escritor, patente a través de las descripciones escenográficas que aparecen en el texto.

Son varios los cuentos o relatos breves. "La ilusión ahogada" narra la vuelta de un indiano muchos años después de su partida a su pueblo natal, desaparecido bajo las aguas de un pantano. La sensación de pérdida resulta brutal, trayendo a nuestra memoria el problema que años después se generará en tantos exiliados que no logran encontrar la España que se habían visto obligados a abandonar. "¡Idiota!" es un interesante relato que habla de la fatalidad y de los pensamientos que pueden conducirnos a la destrucción. Está ambientado en una ciudad con mar, que bien podría haber sido recreada a partir de la evocación de su Santander natal. En "Ellas" hace un frívolo y divertido repaso sobre alguna de las mujeres que ha conocido a lo largo de su vida. Este relato posee fuertes analogías con "Admiraciones de segunda clase", aunque en esta ocasión habla de sus amistades.

Hay también dos reseñas bibliográficas: *L'enfant terrible* de Gabriele D'Annunzio y *La vida inmóvil* de Joaquín Calvo Sotelo.

Mención especial merecen los escritos en los que hace referencia a recuerdos y vivencias infantiles —"Conocimiento y despedida de

Alfonso XIII" o "Recuerdos estúpidos"—, o la magnífica recopilación del cancionero cántabro de "Apuntes para una conferencia sobre la canción montañesa", que años después le serviría para impartir una conferencia sobre ese tema en Chile. De hecho, Ontañón era recordado entre sus amigos por su potente voz entonando siempre canciones de su tierra.

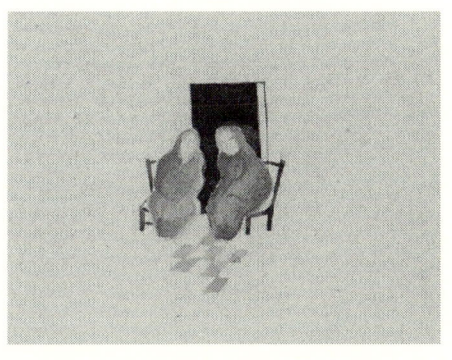

Hemos dejado para el final dos de sus más emotivos textos. "Las cuatro estaciones" es un homenaje al amor, al paso del tiempo, pero también a su amigo Federico García Lorca, de quien hay constantes resonancias en este lírico relato que presenta el amor de una pareja a través del tiempo, desde el juvenil sentimiento relacionado con la primavera, hasta el invierno de la vida que acaba llevándose consigo a uno de los dos amantes, mientras el otro aguarda su destino final. La relación con Lorca no solo es patente a través de las líricas descripciones, sino que se evidencia en la canción de la que hablan los amantes "el Amor que se fue y no vino", en alusión al poema "Baladilla de los tres ríos" del Poema del cante jondo.

"Diálogo de madres" es un sobrecogedor relato en el que dos madres, que han perdido a sus hijos luchando en bandos enfrentados, dialogan con un hondo dolor, capaz de transitar el tiempo y el espacio y hablarnos del sufrimiento de tantas madres que a lo largo de los siglos han visto morir a sus hijos, obligados a defender las ideas de odio que les han sido inculcadas. Aunque es una clara alusión a la Guerra de España, este dolor es común al mundo, podemos imaginar un dialogo similar entre una madre palestina y otra israelita, o entre una rusa y una ucraniana...

«¿Quién dispone las cosas? ¿Quién no venera la muerte de mi hijo? ¿Qué crimen cometió? ¿Qué hizo en su vida que no fuese para orgullo de su madre?»

—La Patria eran tu hijo y el mío cogidos de la mano.

—Las de mi hijo se ofrecían como un regalo

—¿Quién puso entre los dos una llama de odio para impedir el lazo?

—Las de la mano fácil al golpe y a la mordaza.

—Nada impedirá el alud invencible de la verdad. Como una inmensa campana de bronce la voz de las madres llegará a los rincones ocultos donde voces cobardes susurran maldiciones.

—Déjate, mujer. Se va el sol llevándose el día, mas sin remedio, horas después nos lo devuelve. Nada puede impedirlo.

—Día y noche con mi llanto

—Noche y día con el mío

—Tu pañuelo es mi pañuelo

—Idénticas, las lágrimas...».

Que este emocionado recuerdo sirva de bálsamo al sufrimiento atroz y contra natura de todas las madres que tienen que enterrar a sus hijos, sacrificados en las guerras.

Pero no quiero finalizar este breve repaso por la estancia de Ontañón en la Embajada de Chile sin agradecer a La Vorágine la publicación de este libro en el que hemos puesto todo nuestro cariño.

Gracias por creer, como decía Ernesto Sábato, que la mejor contribución a la humanidad es la no resignación. Gracias por no resignaros al olvido.

Gracias a mi hija Laura por su colaboración, porque siempre acoge mis proyectos, gracias por la portada y por las animaciones, a Pedro y Gema por poner voz a los amantes de "Las cuatro estaciones" y a Chuchi por su ayuda, siempre.

Gracias a Santiago Ontañón, por su apuesta por la vida, la creación y la amistad. Gracias por abrir puertas a la esperanza.

La Legua de Bocos, julio de 2025.

Textos de Santiago Ontañón en *Luna* *

*Todas las ilustraciones de *Luna* fueron realizadas por Santiago Ontañón

LUNA

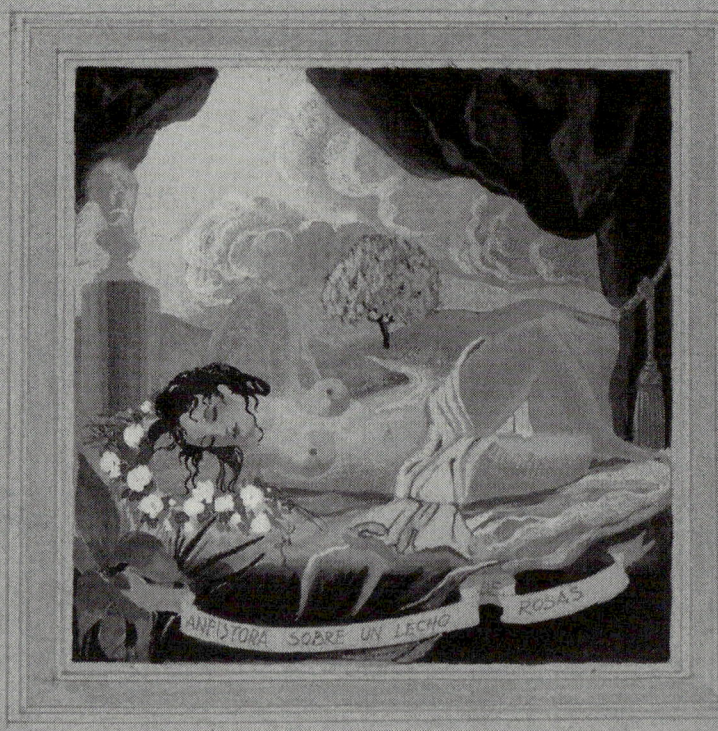

ÁNFORA SOBRE UN LECHO DE ROSAS

Luna 1
Anfistora

FEDERICO GARCÍA LORCA tenía en su casa una vieja sirvienta a quien el poeta quería entrañablemente. Le había ayudado a dar sus primeros pasos. Había velado las noches del niño cantándole viejas canciones de cuna de la región alta de Granada.

Un día entró Federico en la cocina y con aquella efusión que era un rayo de sol del mediodía le dijo, cogiéndola por la cintura: «¡Ay! ¡Ay!... Que eres... la Anfistora de Granada».

La vieja granadina contestó: «Sí. Pero solo de tu familia».

La palabra acaba de ser creada. Esa es la gran virtud de la poesía. Nace la palabra, de expresiva fonética, sin saber cómo, porque sí. Es la palabra apoyada en el hombro del poeta susurrando al oído. *Anfistora*. Como siguiendo ese corto recorrido que va del oído a los labios, salen las cuatro sílabas que el poeta precisa y concreta, la acomoda, da lugar en el lenguaje.

Anfistora. Suena la palabra dentro del cerebro, como el sonido recogido en el nacarado espiral de una caracola y el poeta la clasifica. *Anfistora* es esto y ya está.

Teníamos Lorca y yo el compromiso de dar a conocer esta estupenda señorona que es *Anfistora*. Yo le había de dar plasticidad y él disertar, descubrir ante las imágenes todo lo conmovedor y sutil de esa matrona personalísima.

Anfistora es la mujer que está en ese vértice afinadísimo en que converge lo encantador, lo exquisito y lo grotesco, lo risible. La maravilla estética y la exaltación de lo cursi. Suele, debe de ser, ampulosa, exuberante y confundirse con un poema de Juan Ramón y una página en colores del *Blanco y Negro*. Es amiga de los tópicos y de las exclamaciones. Ha de tener una hermosa mata de pelo y ser fácil a los ojos en blanco.

¡Cuántas horas deliciosas he pasado junto a Federico matizando los recónditos aspectos de nuestra *Anfistora*!

¡Qué gran *Anfistora* Isabel II! Y la Pardo Bazán, Sarah Bernhard y Mae West, Isadora Duncan, y Carmen de Burgos, Aurea de Sarriá. Esta última prototipo entre las vivas.

¡Qué encanto! ¡Qué perfume de miosottis! ¡Qué olor a encajes y qué habanera coreada por el loro!

Ya no podrá sentirte tu poeta. Yo humildemente te prometo acariciarte con la suave marta de los pinceles y conseguir que aquellas almas sensibles y escrutadoras te amen como él y yo amamos siempre.

LUNA

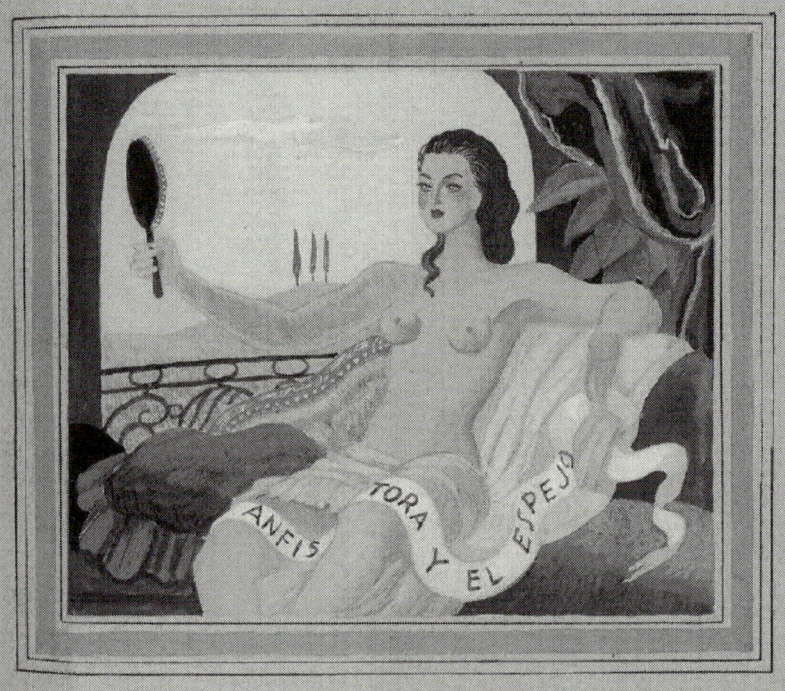

Luna 2
Diálogo de madres

COMO dos almas vestidas de negro, las dos madres dialogan en el umbral de la puerta oscura.

—A mi hijo le llenaron la cabeza de falsas palabras, de himnos, de promesas y rencores. Le hundieron en el odio y le cerraron los ojos a todo lo que no fuese estas aborrecidas cosas. Un día le obligaron a llevar en sus manos inocentes un arma que defendía tales mentiras. Le dijeron que la hora había llegado, que el morir era un deber... A mí me dijeron que la muerte de mi hijo no tenía importancia. Se fue de mi lado con lágrimas en sus ojos que enturbiaban mi figura. Por cada una de ellas yo he derramado ríos de amargura que han enrojecido los míos.

—Al mío le habían enseñado a sentir el dolor ajeno, a no ser indiferente a la injusticia mordiendo la carne de sus hermanos. Las palabras que mejor lucían en su boca eran Libertad, Justicia. No pedía mucho... lo justo. Una mañana oyó un clamor que subía de la calle. Era la propia vida abriendo cauce entre la muerte. Se marchó alegre, como cuando de pequeño marchaba hacia la escuela. Me dio un beso y prometió volver antes de la noche... No volví a verle. Daría media vida por unas lágrimas para poder llorarle.

—Ni eso puedo darte.

—Mis ojos son pozos secos. El dolor me raspa las pupilas como si su recuerdo me arrojase a ellas arena encendida.

—Me han dicho que mi hijo murió por la Patria.

—¡Mentira! La patria de tu hijo era la del mío. Se han matado entre ellos... Quizá el tuyo disparó su arma contra mi hijo. Posiblemente el mío apuntó sobre el corazón del tuyo. Los dos eran amigos. Los dos amaban a su Patria. Los dos estaban dispuestos a dar su vida por ella. Pero aquel que les hizo gustar la sangre..., ¡esa sangre que se escribe con seis letras que los dos conocían!... ¡Que la suya se les hiele en las venas y la tierra se les niegue a recibirles!...

¡Que los cuervos sean su tumba!

—Le llaman héroe. Yo preferiría poderle llamar hijo, y estrecharle entre mis brazos con más amor que hoy lo hacen los limos. La Patria para mí era un jardín donde el mejor clavel era aquel hijo. Una mata de flores con estas cercenadas es como un campo yermo. Un arenal estéril. Ganas me dan de salir a la calle y pregonar a gritos que cambio un héroe por un hijo, ¡por aquel hijo!

—A tu hijo le llaman héroe.

—Mi hijo hoy es recuerdo bajo no sé qué tierra.

—El mío dicen que se fue por el Tajo verde. Se lo llevó la esperanza.

—Quisiera ser gusano de la tierra y buscarle arrastrándome por lo oscuro del suelo.

—Yo, pez estremecido entre las ondas suaves.

—Hoy pasean su nombre escrito en los papales. Pronuncian su nombre entre incienso y palmas.

—Al mío le han llegado a llamar "raza de víboras". ¡Él! ¡Un lirio en el jardín de España! Tú puedes llevar orgullosa escrito su nombre en tu frente. Yo he de ocultar el de mi hijo como una vergüenza. El que mató a mi hijo es una gloria de la Patria, el que dio muerte al tuyo, un asesino. Tu luto: una noche estrellada. El mío, una caverna oscura ¿Quién dispone las cosas? ¿Quién no venera la muerte de mi hijo? ¿Qué hizo en su vida que no fuese para orgullo de su madre?

—La Patria eran tu hijo y el mío cogidos de la mano.

—Las de mi hijo se ofrecían como un regalo.

-¿Quién puso entre los dos una llama de odio para impedir el lazo?

—Los de la mano fácil al golpe y a la mordaza.

—Nada impedirá el alud invencible de la verdad. Como una inmensa campana de bronce la voz de las madres llegará a los rincones ocultos donde voces cobardes susurran maldiciones.

—Déjame, mujer. Se va el sol llevándose el día, mas sin remedio, horas después nos lo devuelve. Nada puede impedirlo.

—Día y noche con mi llanto.

—Noche y día con el mío.

—Tu pañuelo es mi pañuelo.

—Idénticas las lágrimas.
—Dos hijos por el aire.
—Dos noches esperando.
Sobre las puertas del umbral oscuro como dos almas vestidas de negro esperan.

LUNA

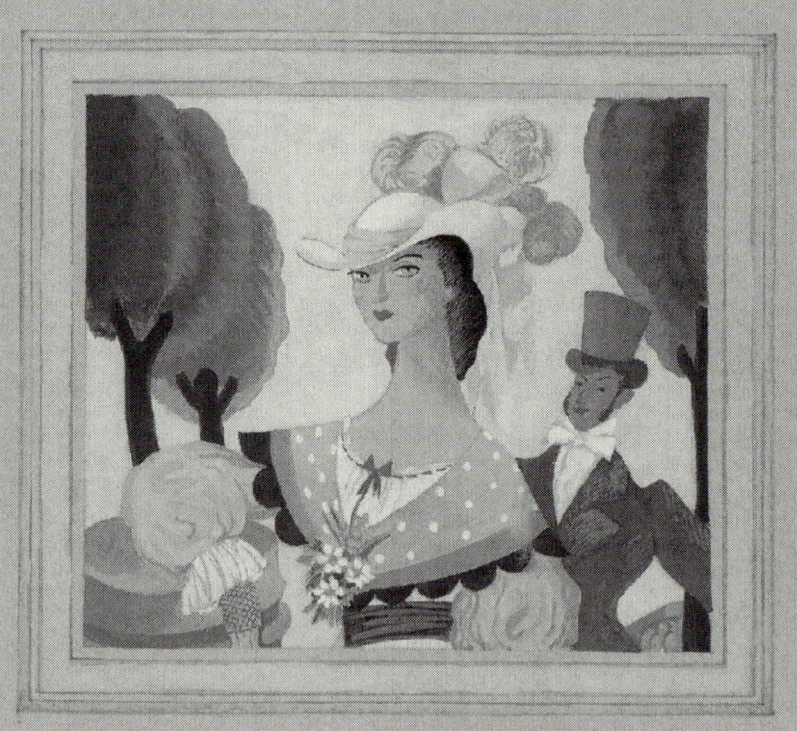

Luna 3
Las cuatro estaciones
(Guion para un ballet)

ENTRE unas ruinas que pudo haberlas pintado Poussin o Claudio de Lorena, un manzano en flor, albergue laberíntico de blancas mariposas. Cubre el suelo un césped de verde apasionado. Como estrellas en un cielo de deseos las margaritas clavan sus lancetas albas en el corazón dorado.

Sobre la tierra blanda como la carne, la Mujer y el Hombre dialogan bajo la sombra de las ramas. Ella apoya su cabeza sobre el tronco del árbol y el vestido de rosa desvanecido cae como una inmensa flor desprendida. Las mariposas se asoman al borde de su hermosura.

El Hombre, sentado en el rizado límite de la falda pone un claro temblor primaveral en las palabras.

EL HOMBRE
Dame tu amor, Mujer, bajo los árboles frutales. Ofrece a mis labios lo agrio y dulce de tu piel de manzana. Dame tus sombras recónditas. El abultado suspiro de los senos. El torrente amarillo de tu mata de pelo. ¿No sientes el calor de mi sangre sobre lo convexo de mis dedos?

LA MUJER
Deja correr el cálido torrente de tu voz entre las verdes hojas. Sé asombro de palomas de arrullo enamorado. Ofrece de tus ojos el ardiente deseo que fulmina. Oprime el nacimiento de mis piernas con la abrasadora presión de tus ardientes manos. ¿No ves cómo te miro que, apenas percibo lo oscuro de tus ojos, perdido en la afilada dentera de mis ansias?.

EL HOMBRE
Deja cauce al amor que va tras océanos de deseo. Que puertas y

ventanas se abran a los aires del beso. Da rienda suelta al embeleso. Deja que espuma y ola nos den lecho salado. Cumplan los labios su misión más alta. Demos la piel a las caricias, su olor a los sentidos extasiados.

Se han encendido las mejillas de los amantes. Por el camino de los brazos, el amor tamiza la llama de los ojos enamorados. Las manos del hombre se han perdido la espesura otoñal de los cabellos de ella. Y es la voz del hombre la que dice.

EL HOMBRE
¿Si yo fuera río?

LA MUJER
Yo, agua clara.

EL HOMBRE
Si bosque rumoroso.

LA MUJER
Yo, planta iluminada.

EL HOMBRE
Si cielo azul, profundo.

LA MUJER
Yo, estrella iluminada.

EL HOMBRE
Si húmeda tierra.

LA MUJER
Yo, gusano de ella.

EL HOMBRE
Si rojo clavel.

LA MUJER
Yo, perfume arrebatado.

EL HOMBRE
Si boca suplicante.

LA MUJER
Yo, ardiente palabra y beso enamorado.

Las dos lenguas dentro de un mismo cofre han descubierto el misterio de amor más hermoso. Dos libélulas unidas vagando por el aire. Un botón en la rama abriendo su corola. Canta en voz baja el manantial cercano.

El árbol que sirve de dosel a los amantes abre al mediodía su caudal de verdura. La sombra se intensifica y presta humedad al aire bajo que bajo las hojas da frescor a los que se aman.

Gusta la boca de la oreja, del cuello y de los ojos. Las manos se estremecen. La voz se hace sorda, espesa. El goce busca sus caminos. El hombre prosigue.

EL HOMBRE
¡Amor! ¡Amor! ¡Amor! ¡Oh carne tan sabrosa que la manzana la envidiara! ¡Oh perfume de nardo apetecido! ¡Oh corazón cantando bajo la comba amada! ¡Humedad de tu boca! ¡Luz de tu mirada! ¡Melodía de tu voz! ¡Perfume de tu piel anacarada! ¡Qué dos anhelos tus brazos! ¡Qué paisaje a recorrer, la maravilla de tu torso! ¡El camino rosado de tus piernas!

LA MUJER
¡Tuyos! ¡Tuyos! ¡Tuyos mis dominios! ¡Para ti mi hermosura! ¡Sé aire para que pueda respirarte! ¡Agua para beberte! ¡Fruta sabrosa para devorarte! ¡Cadena fuerte para dominarme! ¡Garra de amor para el desgarro! ¡Dulce peso a la carne! ¡Forma imprecisa, ardor helado para el rincón oscuro donde se esconde el goce!

EL HOMBRE
¡Mujer!

LA MUJER
¡Hombre!

EL HOMBRE
¡Amor!

LA MUJER
¡Te amo!

EL HOMBRE
¡Adoración!

LA MUJER
¡Te adoro!

EL HOMBRE
¡De la mañana alondra!

LA MUJER
¡Ruiseñor de la tarde!...

¿Qué vaho turbador sube de los arroyos? ¡Qué ponerse de pie el de las espigas! ¡Qué sangre salpicada entre los trigos el rojo adormecedor de la amapola! Late la sangre en los puntos marcados del pulso. Hay una evocación de violetas. Y una bandada de palomas nieva las ramas altas del olmo.

El manzano inmediato enciende las luces de las hojas y se desprende de ellas bajo un fondo musical de violines...

Los amantes, entrelazadas sus manos, suspiran a la tarde. El brazo del hombre es ahora blanda almohada a los cabellos grises de la mujer. En vano intenta ella, con su mano libre a la voluntad, dar erección al seno fatigado. Hay una fuga de hojas amarillas mientras solloza la lluvia sobre el corazón del crepúsculo.

El hombre vuelve a hablar.

EL HOMBRE
Si tu alma tuviera un amplio barandal al Sentimiento, yo me asomara en él para verte saludar con tu pañuelo. Si tu corazón tuviera altos muros, puertas cerradas con llaves perdidas en el olvido, yo los franqueara para cerrarme en su recinto. Si tu voz se perdiera por las esquinas del viento, yo la buscara hasta guardarla en mi oído.

LA MUJER
Si tú fueras rama de laurel, en ti me apoyara. Si tú fueras arco perfecto en las arquitecturas, del sol y la lluvia, bajo tu curva me amparara. Si tú fueras libro, en ti leyera. Si tú hilo fino, contigo mis lágrimas enjugara.

EL HOMBRE
Préstame tu regazo para reclinar mi frente.

LA MUJER
Da rienda suelta a tu palabra sabedora.

EL HOMBRE
Canta la triste canción de «el Amor que se fue y no vino».

LA MUJER
Explícame en silencio lo que quiere decir Presente.

EL HOMBRE
Presente es un mañana, y un ayer pasado. Es un recuerdo y una ilusión. Es la comprobación de lo fugaz... Es... nada.

LA MUJER
Volvamos al amor.

EL HOMBRE
Estoy cansado.

LA MUJER
Y yo cansada.

EL HOMBRE
Volvamos al amor.

LA MUJER
Canta la triste canción de «el Amor que se fue y no vino».

¡Con qué tristeza se ha marchado el día! ¡Qué tinieblas de cosa consumada envuelve esta señalada noche! El árbol es ahora una arisca realidad de ilusión fenecida. El viento tiene filo de cortante guadaña. En vano quiere la nieve aclarar la negrura mientras cae tan silenciosamente que se puede escuchar el pensamiento. Perdida las bocas su blancura, la voz es ahora una canción partida.
Y dice el hombre con trémolo en la voz, con blanco en los cabellos.

EL HOMBRE
Aún quisiera sentirte a mi lado, Mujer. Tú eres mi costumbre, la lectura repetida y siempre amada. Árbol que planté, espejo empañado. Aún quisiera tenerte.

LA MUJER
¿No escuchas la llamada que da miedo a los hombres de valor extremado? ¿No sientes que en el frío viene una mano helada que hace crispar la sangre y pone en la garganta afilada guadaña? Ya no habrá más suspiros en la boca cerrada.

EL HOMBRE
Tengo miedo a estar solo.

LA MUJER
Yo, a la puerta entornada.

EL HOMBRE
La cerraré con llaves de piedra ilusionada.
LA MUJER
Escucha el golpe sordo de la postrer llamada.

EL HOMBRE
¡No cortéis la madeja!

LA MUJER
Es tarde, está cortada.

Como mueren los árboles, la flor de corta vida, el pájaro que canta en la enramada, bajo el árbol desnudo, la Mujer acabada. El Hombre espera solo la próxima llamada.

LUNA

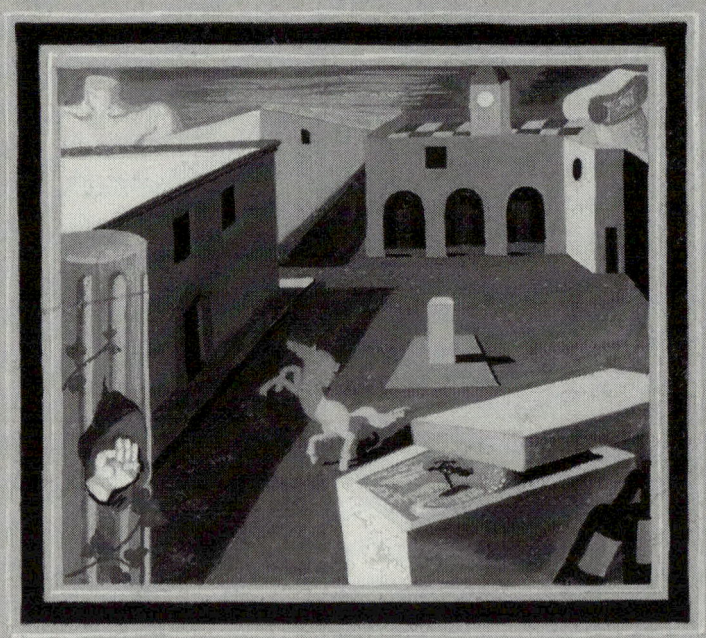

Luna 6
¡Idiota! (cuento)

PASEABA. Era su paseo favorito. Todas las tardes cuando el sol ya parece fatigado de dar su luz al día poniendo malvas y verdes veronés sobre la calma del puerto, él gustaba de dialogar con su melancolía sobre aquellas maderas viejas, carcomidas por el salitre que dejaba la mar cuando en las pleamares con viento sur rompía sobre la madera. De las torres de Santa Lucía venían siete campanadas temblorosas que iban a morir ahogadas sobre el suave ondulado del agua. Paseaban a su igual a lo largo del muelle gentes que en su mayoría le eran conocidas. Don Alberto y Don Mauricio, dos viejos consignatarios de barcos costeros ayer, hoy acaudalados burgueses, sencillos en su trato, su porte y sus maneras. Marchaban los dos, sus manos a la espalda, empuñando sendos bastones de puño de marfil y palo de madera noble, traídos de allá..., de Filipinas, cuando estas islas se gobernaban desde Madrid. Era muy frecuente oírles hablar de cosas de la mar. Una tarde, al cruzarse Rafael con ellos, oyó decir a Don Alberto: «Aquí tenía yo mi barco cuando el Machichaco. ¿Recuerdas?, el *Comercio*...». Había una temblorosa emoción en las palabras del anciano.

Sentados al borde del muelle, pescadores por afición, artesanos, gentes que por su aspecto bien podrían ser empleados en lóbregas oficinas, obreros manuales siempre hundidos en lo destartalado de los talleres, tendían su aparejo al agua en espera de la pesca que habría de ayudar su mesa humilde. Había uno a quien siempre le hacía compañía su mujer y dos niños, sus hijos, que daban gritos de júbilo cuando veían coletear desesperadamente al pez dorado durante el trayecto que va del agua al pequeño canasto donde guardaba su pesca casi amorosamente.

El que siempre estaba rodeado de varias personas que le admiraban era un individuo de grandes bigotes y sombrero de paja que practicaba su deporte con una larguísima caña maravillosamente aparejada. Los chicos le miraban con curiosidad y envidia una pequeña manivela de la que se servía para acortar o alargar la cuerda según la necesidad. Cuando lanzaba al aire su anzuelo, era como un domador de sirenas, de largo látigo y gesto altanero. Se sentía admirado, tan admirado que ponía afectación en sus modales. Se preocupaba tanto de la admiración que despertaba que la mayor parte de las veces se burlaban haciendo que de todos aquellos pescadores fuese él el de más escaso resultado. A Rafael le era antipático. Prefería aquel otro viejecito, con su boina echada hacia los ojos y sus manos temblorosas al enganchar el pedazo de muergo en el anzuelo.

En unas escaleras alfombradas de algas, lustrosas de liquen, con grandes mejillones adheridos en el muro exterior, «El Chiquirri» miraba su barquía balancearse blandamente, ¡tan limpia!, reluciente como no había otra. A veces preguntaba a los paseantes: «¿Qué, damos una vuelta por la bahía?». Ya no tenía edad para salir a la mar. Por las mañanas pescaba con su hija Modesta dentro del puerto. Por las tardes, bien baldeada la embarcación, la alquilaba a los señoritos que venían de tierra adentro. Les acercaba a los grandes barcos anclados en el centro de la bahía allá en «la canal». Se reía de ellos. Muchos, cuando miraban al agua y la veían más verde, más oscuro, de azules, y el balanceo aumentaba ligeramente, se agarraban instintivamente a los asientos y la expresión de la mirada se hacía temerosa. Recordaba él, ante el miedo de esas gentes, aquellas mañanas en que había que pasar la barra de Mouro a fuerza de remos. Rafael le conocía. Muchas veces le habían paseado en su lancha mientras le contaba pasajes de su vida, recuerdos de la calle Alta y de la cuesta de Gibaja, que eran como páginas de Pereda bellamente reformadas por la sencillez, en las palabras del viejo «Chiquirri». Casi todas las tardes, Rafael se detenía y charlaba con él un buen rato mientras fumaban un pitillo que aquel ofrecía. Después seguía su paseo.

Se cruzaba todas las tardes con varias parejas de enamorados que pasaban silenciosas, con tristes ojos de amantes. Una de estas parejas iba siempre riñendo. Rafael no se explicaba esa capacidad de excitación, de tenacidad en el pugilato polémico. Un día los vio pasar muy alegres, muy contentos; por primera vez sonrientes, hablaban con cordialidad.

A partir de aquel día no los volvió a ver juntos. Solo a él le encontraba de vez en cuando paseando con aire satisfecho y llevando un libro bajo el brazo. La discrepancia en el amor es muchas veces el excitante de la pasión, pensaba Rafael.

Sus pisadas sonaban opacamente. Por entre las ranuras simétricamente colocadas entre tablón y tablón, se veía el mar batir las piedras cubiertas de algas; en la bajamar, a los cangrejos andar perezosamente sobre ellas.

A Rafael le absorbía de tal manera el mar su contemplación, que llegaba a no pensar absolutamente en nada. Paseaba semiinconsciente dando rienda suelta a sus sentidos. No pensar en nada. Se le antojaba una felicidad inigualada. Solo los malvas de la tarde, la sirena de un barco a lo lejos, el murmullo de la marea bajo sus pies. A veces, un grito desgarrado de pescadora llamando desde el muelle a un hombre que pescaba solitario allá en el centro de la bahía.

Aquella tarde, un barco de cabotaje descargaba en horas extraordinarias. Un equipo de hombres, reducido, hacía el trabajo. La grúa mordía los pesados fardos con una actividad desmesurada, gruñendo sus cadenas, sus engranajes y su maquinista. Rafael se había detenido frente al barco y observaba la descarga. ¡Oh, el placer tan español de ver trabajar! De lo alto de aquella máquina gruñidora vino una voz hiriente a meterse en el oído de Rafael con punta acerada, envenenada de desprecio:

—¡Eh, tú! ¡So idiota! ¿Qué haces ahí?

Rafael levantó la mirada. Un hombre de cara tiznada de grasa le miraba iracundo.

—¿Es a mí? —preguntó desconcertado.

—¡A quién va a ser! ¿Qué haces ahí? ¿No ves que te puede caer un fardo?

Efectivamente, la carga pasaba exactamente sobre el punto escogido por Rafael para presenciar la faena. Un fallo en la tenaza de la grúa y podría quedar aplastado. No supo cómo reaccionar. No era cobarde. Pudo haber contestado al insulto con otro más fuerte.

Pudo no obedecer. Pero no; con el insulto ardiéndole en la oreja, se fue con ese complejo deprimente del hombre que se ha visto en ridículo y no le ha vengado.

¡So idiota!, ¡so idiota!, ¡so idiota! Seguían allí las palabras. Dejó el muelle. Se internó en la ciudad. En el paseo principal paseaba la clase media, la aristocracia y el pueblo. Los señoritos miraban a las modistillas. Los jóvenes del pueblo, a las chicas de clase media; los tristes de esta clase, a las aristócratas. Nadie estaba en su sitio. Rafael cruzó el paseo diciéndose: «Estúpidos, nunca estaréis de acuerdo. Todo esto no es nada más que hambre sexual y ramplonería».

Llegó a su casa. La familia no había llegado aún. Su madre y su hermana seguramente formaban parte de aquellas gentes a las que él momentos antes había llamado estúpidos. Su padre jugaría al tresillo en el club, hablando con sus amigos de vulgaridades. Solo la doncella, Mercedes, estaba en su sitio; allí, como una esclava día y noche, a excepción de cuatro horas, los domingos, en que le daban libertad para hacer lo que quisiera. Muchos días la riñeron por retrasarse media hora. Entonces lo que aquella pobre chica escuchaba era de una injusticia que a Rafael le hacía sonrojarse. «Mis padres son unos déspotas; mi hermana, una niña deslavazada, pretenciosa..., una desgraciada», se decía, pero, sin embargo, los quería. Era la fuerza de la sangre. Una tarde en que la reprimenda había sido más fuerte que nunca, al cruzarse con Mercedes, le dijo:

—No les haga usted caso. Tienen el corazón de peluche. Dentro de sus cabezas solo hay vulgaridad y soberbia.

Mercedes no supo nunca lo que quiso decir el señorito, mas el tono le fue agradable. Era el único que ella quería en la casa. Si no fuese por él.

Le abrió la puerta.

—Buenas tardes, señorito.

—Hola, Mercedes. ¿No hay nadie, verdad?

—Todavía no han llegado.

—Deme usted un vaso de agua, por favor. Llévemelo a mi cuarto.

Dejó su sombrero y marchó directamente a su habitación. Salió al amplio balcón que miraba al mar. Las luces de situación de los barcos anclados en el puerto empezaban a encenderse. A lo lejos el parpadeo del faro de Mouro se destacaba sobre un cielo de índigo pálido abriendo paso a la noche que se acercaba a los montes de Pas. Apoyado sobre el barandal, Rafael oía claramente, aunque lejano, el ruido de aquella grúa manejada por aquel miserable. Ahora le odiaba ferozmente. Miraba a la superficie oscura que encerraba la curva de la bahía, y le parecía ver escrito sobre ella unas inmensas letras de desprecio que decía ¡So idiota! Sentía ganas de echar a correr y volver a aquel lugar y abofetear a aquel que le había insultado.

—Señorito, aquí tiene usted el agua.

—Gracias, Mercedes.

De un solo trago vació el vaso.

—Mucha sed tenía usted.

—Sí. El paseo de hoy me ha hecho tragar mucha quina. Figúrate, me han llamado idiota.

—¡Ahí va!

—Sí, idiota. ¿Tú crees que yo soy idiota, Mercedes?

—El idiota es el que se lo ha llamado a usted. Cuando se han leído todos esos libros que tiene usted ahí, es porque hay algo en su cabeza.

—Pues ya ves, me lo han llamado... Y además no le he roto la cabeza.

—Es mejor despreciarlo. Pues ande... Si usted es idiota, él es un... Bueno, vale más que no lo diga...

—¿Qué vas a decir?

—Una cosa muy fuerte.

—Dila.

Sonó el timbre de la puerta. Mercedes salió corriendo a abrir. Eran la madre y la hermana de Rafael. Este volvió a quedar otra vez solo, apoyado en el barandal del balcón. Aumentó su preocupación, su tristeza. El que Mercedes no hubiese proferido el insulto que merecía el que a él le insultase le molestaba. Sentía esa desazón idéntica a la que, desde el momento de sentirse insultado, estaba mordiéndole su amor propio. También ella se había quedado con las ganas de contestar, de insultar a su vez.

Se abrió la puerta de su habitación.

Era su madre. Conservaba aún el sombrero puesto. Sin soltar la manivela de la cerradura, dijo:

—¿Estás ahí?

—Sí, aquí estoy —contestó Rafael.

Su madre cerró la puerta y se fue. Él sonrió pensando lo imbécil de la escena y del breve diálogo. ¿Estás ahí? Sí, aquí estoy. ¡Qué majadería!

La noche recién nacida, hacía más vivas las luces que momentos antes veía lucir tímidamente. La grúa que le obsesionaba había enmudecido. El murmullo que subía del paseo cercano se apagaba lentamente. Las casas se encendían; por sus balcones lanzaban a la calle los gritos de la radio. De los más cercanos venía el ruido característico de los cubiertos al chocar entre sí. Están poniendo las mesas. Es la vida. Los tontos igual que los listos, los buenos que los malos, tienen que engullir cantidades de porquerías para seguir con sus tonterías, sus sensateces, sus maldades y buenas acciones, decía Rafael, hablando para sí a media voz.

Una gran tristeza le invadía el alma. El viento suave del verano traía ráfagas perfumadas de mar que enervaban los sentidos. Vio venir por la calle a su padre, le acompañaba un amigo que Rafael no conocía. Se despidieron cariñosamente, y el padre entró en la casa. Ahora a comer..., como ayer y como antesdeayer..., como siempre. Sentarse a la mesa con sus padres, su hermana, a oír vaciedades, a no estar de acuerdo nunca.

—No pienso cenar, no tengo ganas —se dijo.

Momentos después vino su hermana a decirle que fuese a cenar.

—Di que no tengo ganas de cenar. Hacedlo vosotros.

—¿No vas a cenar? ¿Por qué?

—No tengo ganas.

—Me parece una idiotez.

Cerró la puerta y se marchó.

Rafael, al oír el insulto repetido en tan breve espacio de tiempo, sintió ganas de alcanzar a su hermana y estrangularla. Optó por seguir donde estaba.

Martilleaban en sus oídos las cinco letras insultantes: «¡idiota!

¿Por qué me ha llamado idiota? ¡Quién sabe! Puede ser que lo sea. ¿Quién me dice que no?».

Empezó todo un examen de su personalidad. Era la hora de la sinceridad consigo mismo. No había de engañarse. Tenía su carrera de abogado; había hecho sus estudios con facilidad, se encontraba con fuerzas suficientes para llegar a ser juez, registrador, notario, y tantas cosas más, pero no era suficiente. Pensaba en sus amigos, en Carlos, por ejemplo. Carlos entendía, comprendía muchas cosas que a él le estaban vedadas. Hablaba de pintura con un conocimiento al cual él, que se había preocupado del estudio de ella, no alcanzaba; e igual le pasaba con la música y la escultura. ¿Por qué? Leía a Nietzsche, a Spinoza y tantos otros, y ciertos pasajes eran como esas lecturas que se hacen en sueños sin coordinación posible. Sin embargo, Carlos los leía con una claridad meridiana, después hablaba, filosofaba sobre ellos. Además, este eterno hacer las cosas a contra mano, este cambiar el impulso de su personalidad. Acudía a su memoria la tarde en que encontró a Lucía, a quien tanto había amado en silencio. El rubor acudía a su rostro, ahora apoyado en sus manos, a su vez ardorosas por la desagradable sensación del recuerdo. La encontró sobre la terraza del Casino. Le dijo todo lo contrario de lo que sentía, que a él le gustaban las mujeres rubias, que odiaba a los niños, que el arte le tenía sin cuidado. Ella era morena, amaba a los niños, su mayor preocupación era la literatura, dibujaba extraordinariamente bien. Demostró con torpes argumentos la fealdad del mar, aquello que más le entusiasmaba. Ella le llevó la contraria, tenía más fuerza de expresión para elogiarlo que a él le hacía estremecer su contemplación. ¿Por qué había hecho aquello¿ Lucia se fue con la impresión de que era un cretino. «Pero no lo soy, no. Pienso como ella, podríamos unir nuestros dos pensamientos y confundirse en uno solo. Sin embargo... Carezco de inteligencia, no actúo con talento, soy un estúpido, una lista interminable de números pares y nones: el uno, soy inteligente; el dos, tonto perdido; el tres, vuelvo a la inteligencia; el cuatro, a la estupidez, y así toda mi vida. ¿Quién sabe? Quizá el maquinista de la grúa me conozca sin yo saberlo. Por otro lado, creo que soy sensible, percibo matices ante las cosas que estoy seguro muchos no recogen. Ese blando placer casi angustioso en su deleite que siento por las tardes junto al mar. Es producto de una sensación inteligente, de una cultivada percepción que me lleva a ella puntos de comparación que he sentido a través de los poetas, de mis lecturas. Pero esto que yo creo me pone al nivel de las inteligencias claras, ¿qué será comparado con aquello que sientan otros hombres, Carlos mismo?».

La tristeza cerraba aún más, duro lazo a su garganta.

«Lucía es superior a mí. La vida ante ella es una amplia perspectiva de limitados contornos. Para mí, un intrincado panorama que me presta aterradora miopía. Entonces, ¿por qué tantas veces me ha parecido hablar con una niña los primeros pasos de la vida?». Aquella tarde en que tanto deseaba decirle todo su amor, solo se le ocurrió hacerle ver que tenía unas manos feas, desproporcionadas a la exacta medida de los brazos. ¿Qué tenía él que decir de aquellas manos que envidiara Botticelli para copiarlas? «¿Lo ves?», se decía desesperado. «¿Por qué cuando recuerdas sus manos solo acude a tu memoria el recuerdo de Botticelli?» Recurso manido, vulgar, lo han hecho todos los mediocres. Carlos las habría comparado con tantas manos admirables... ¿A qué acudir a Botticelli si sus manos son como dos alondras cantando a la mañana, dos alargadas nubes en un alba clara; dos suspiros sonándote al oído; dos versos de luz; dos blandos rincones para ser besados?

«Mañana me marcharé. Abandonaré mi carrera, ¿para qué la quiero...? Es inútil, no me iré. Me quedaré aquí junto a estos familiares que tanto quiero a pesar de su mediocridad. Estos tres seres vulgares que creen que soy una lumbrera, que se asombran de tanto libro leído. Y esta pobre Mercedes, maltratada por todos, esclava de esta pobre familia vulgar y a veces despreciable. Un buen día me moriré y en el mundo no pasará nada. Solamente me llorarán estos tres seres que me quieren, llorará Mercedes, que tanto quiere a su "señorito" ¡Señorito! ¡Qué odiosa palabra! ¡Qué putrefacción! ¡Qué asco! No puedo más, me ahogo.»

Abandonó el balcón de sus meditaciones; cruzó la habitación, cubiertas sus paredes por aquellos libros que tantas horas de encanto le habían proporcionado. Abrió la puerta de la escalera en silencio. Salió a la calle. Atravesó el paseo, ahora desierto. Sin darse cuenta, se encontró de nuevo en el muelle, solitario ya. El recuerdo del insulto se agudizaba. Sus manos se cerraban hasta clavarse las uñas en la palma. Sus pisadas sonaban sobre la madera del muelle lúgubremente.

De pronto quedó clavado en el suelo. Hacia él avanzaba el maquinista de la grúa, aquel que no hacía mucho le había llamado idiota. No pudo contenerse. Fue hacia él. Se agarró a la camisa de mahón, a la altura de su pecho y con su puño derecho dispuesto, le dijo:

—Oye, miserable. Repite lo de antes, ¡anda! Vuélveme a llamar idiota.

Una bocanada de alcohol trasegado llegó a él. El hombre, al sentirse atacado, profirió una blasfemia. El puño de Rafael chocó contra la boca desdentada. Brotó la sangre de entre los labios del maquinista. Rafael no pudo darse cuenta, la rabia le cegaba. Lucharon como dos desesperados. Sus cuerpos proyectaban una sola sombra sobre el agua alta en la pleamar. Como un pez en la noche oceánica trazó en el aire su curva la navaja. Por debajo de la axila izquierda quedó clavada en la carne de Rafael. Mientras abría su costado el acero, tuvo tiempo de pensar:

«Tiene razón. De nuevo has cometido una idiotez, Rafael.»

No pudo pensar más. Su corazón se había partido en dos pedazos. Cayó pesadamente sobre las aguas oscuras. El maquinista arrojó su navaja a la mar salada y huyó horrorizado de su crimen.

Sobre las aguas, allí, bajo las maderas del muelle, sobre las que tanto gustaba él pasear durante el crepúsculo, salían a la superficie rojas manchas de sangre que la noche oscurecía.

LUNA

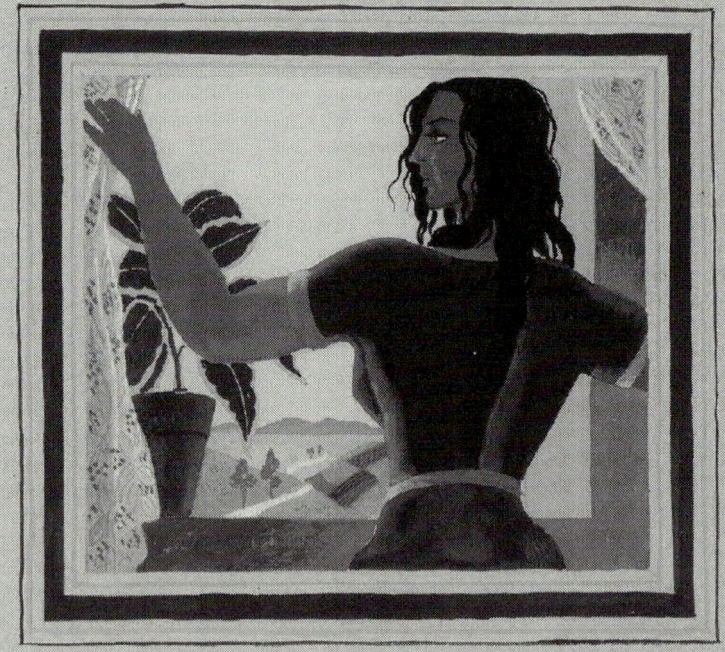

Luna 8
Notas de lectura (L'Enfant de volupté)

L'ENFANT DE VOLUPTÉ, por *Gabrielle D'Annunzio.—L'enfant de volupté* es ante todo la obra de un poeta. Sobre la línea anecdótica flota una clara sombra de poesía que se hace lírica pura en casi su totalidad. Como la transparente poesía de un cielo creado por el pincel de un primitivo italiano, así nos da Gabrielle D'Annunzio en ciertos pasajes el encanto de los celajes romanos y como un maestro veneciano da la calidad pictórica a todo cuanto crea dentro del limitado rectángulo, D'Annunzio hace carne encendida en el cuerpo admirable de Helène Muti y azulada llama en el espíritu de María Férrest.

Como Narciso se ve reflejado en el cristal del agua, el poeta italiano se retrata en André Sperelli-Fieschi d'Ungenta. El André mundano de los salones europeos con su corte de mujeres sensibles al amor, las rosas y las mayólicas de Métaure, no es ni más ni menos que el D'Annunzio amando a la Princesse Casatti —a quien adivinamos en Helène Muti— y tantas mujeres un tanto snob que poblaban radiantes de joyas, terciopelos, plumas y encajes, los salones de fines del XIX.

Las primeras páginas de L'enfant de volupté nos presentan un mundo ocioso solo pensando en el amor y el arte. Nos parece contemplar una estampa de Simont y las damas que por ellas desfilan creemos haberlas conocido en los lienzos de Boldini o de La Gándara. Es como el hojear los deliciosos grabados de Le jardin des modes.

A medida que nos adentramos en el jardín apasionado de la voluptuosidad donde habita este «Enfant» torturado, la novela va perdiendo superficialidad para tornarse sombría bajo los damascos, los balcones entornados, la angustia —como sonámbula— de la sensualidad. Desde el momento en que los amantes en la penumbra del dormitorio de Helène Muti bajo la mirada agonizante de un

Cristo de Guido Reni, se dice: «¡Combien tu me plais!», nos invade esa tristeza que hace decir al poeta: «Cette tristesse obscure qui est au fond de tous les bonheurs humaines comme l'onde la mère est à l'embouchure de toutes les fleuves». Y una vez, ya dentro de esa onda, no podemos salir de ella hasta la última página que sigue sumergida al igual de las que la preceden en la misma ola de tristeza.

Todo *L'enfant de volupté* es la lucha de un hombre debatiéndose entre la paloma y la serpiente, y como más inquietante, escurridiza y venenosa sale triunfando esta última. El demonio de la carne sigue a André tan de cerca que forma una sola apetencia, y esta demoníaca obsesión le hace quebrar el puro cristal del amor en el momento en que de tan límpido desaparece a la turbia mirada. Se rompe el cristal y queda sobre el vidrio fracasado la roja rosa material y voluptuosa, viva, fragante, desafiadora como un corazón enamorado.

Rebasando la alta cima de la novela flota en el aire el perfume poético que se diría venir de esa lluvia de pétalos caídos blandamente sobre los jardines incomparables de La villa Médicis.

«Il pleuvait partout des roses, des roses, des roses, des roses, si lentes, si epaisses et si molles qu'on aurait dit une tombée de neige dans une aurores».

LUNA

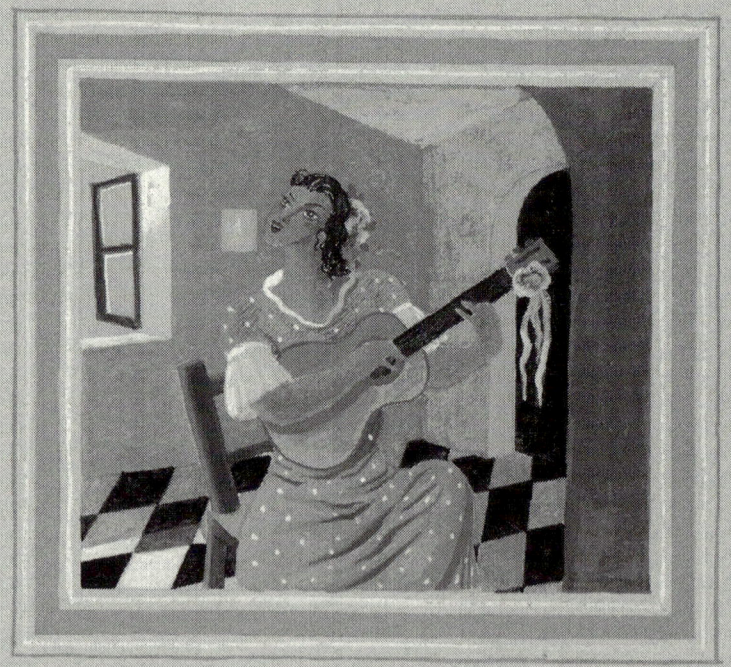

Luna 9
La ilusión ahogada (cuento)

ANTONIO SIERRA un puro ejemplar de esa especie humana que en América española llaman «aplatanado». Emigrado cuando solo contaba dieciséis años, había conseguido a fuerza de trabajo incesante reunir una pequeña fortuna cubriendo así sus deseos e ilusiones.

Allá en Cuba, Antonio conoció una serie de sensaciones que le eran negadas en Fuentefría, su pueblo, que nunca olvidara. Conoció lo agotador de un trabajo sin descanso, pero este mismo le proporcionó el oro suficiente para saborear las delicias del confort y cumplir las peticiones de lo sensual que dentro de él le reclamaban.

A pesar de la dureza de los primeros tiempos, de lo ingrato de los primeros años de su juventud, Antonio Sierra era feliz. Conocía el perfume salpimentado de las caras oscuras, el ritmo obsesionante de las melodías antillanas; cultivó su espíritu lo suficiente para admirar la gracia de la palmera y educó sus sentidos para saborear los frutos de la tierra ubérrima. Había amado y sufrido por estos amores, pero también esto entra dentro del ancho y dulce límite del amor. Podía, debía ser completamente feliz. Sin embargo no lo era. Faltaba a su felicidad algo lejano que no se separaba ni un instante de su recuerdo: Fuentefría. Ese profundo misterio, esa inexplicable permanencia dentro de su ser del pueblo que lo vio nacer, no se borraba de su pensamiento. Como a tantos otros, el inmenso imán de su tierra le atraía. No podía olvidarla. En vano las palmeras refrescaban el rubor de la tarde, y la cal de los muros habaneros era hermana de la cal de su casa nativa; el ardiente amor de la mujer mestiza le dio paraísos de canela y el mar atlántico perfumaba el aire que envolvía su casa blanca, la suya, la propia, que no conseguía olvidar. Pasaban los años prometiéndose siempre: «El verano que viene iré a Fuentefría, veré a mis padres, a los amigos, a la torre alta de la parroquia, los bosques de castaños, el río rumoroso, el vale todo en su recinto de piedra». Pero este viaje se aplazaba y se sucedían los solsticios y el retorno no llegaba. Y así se fue pasando su juventud y los años, sin borrársele de su memoria las cosas y los seres tan queridos, por abulia unas veces, por ese perenne «iré dentro de poco». Se fue espaciando la correspondencia, y sin comprenderlo en su fuero interno pasaban los años sin poner una letra a quienes con tantas ansias la esperaban. Todo esto no impedía que Antonio, de temperamento melancólico, dado a la ensoñación, pasase por épocas de una depresión espiritual muy próxima a la neurastenia. Gustábale pasear a la orilla del agua y clavaba su mirada en la línea del horizonte adivinando la sucesión de ellos hasta llegar al último, aquel donde en su límite, se veía blanco y alegre Fuentefría, saludándole como un pañuelo.

Muchas tardes se reunía con Bartolomé, su íntimo amigo, compañero de emigración como él, oriundo de Fuentefría. Eran estos paseos para ellos un recordar incesante de sus primeros años.

Antonio hizo un alto en el caminar y mirando fijamente al horizonte con vista en un punto que a él se le antojaba la recta exacta hacia la veleta de la torre de su pueblo, dijo:

—¡Qué tremendo misterio es este, Bartolomé, esta atracción de la tierra que pisaron por primera vez nuestras plantas! ¿Por qué querremos tanto al lugar donde vinimos al mundo?

¿Verdad que Fuentefría, en realidad, no es nada extraordinario? Sin embargo, para mí, ¡aquella plaza con el muro grande, con sus casas encaladas y grandes rejas que nacían del suelo! Y aquel ruido tan nuestro, de los castaños cuando el viento movía sus hojas dulcemente. ¿Recuerdas? Todavía no he encontrado un arroyo tan claro como el nuestro, de redondas piedras tibias al borde del agua, calientes como el pan recién cocido en su parte más alta. ¿Recuerdas las moreras? ¿Y el Pico del Cuervo? ¿Y el moral aquel donde refrescábamos con su fruto rojo al final de nuestras largas caminatas por los montes? Todo, desde aquí, me parece único, lo más hermoso del universo. Muchas veces recuerdo nuestras compañeras de los juegos de la infancia que hoy serán ya unas mujeres soñando con amores, y alguna, quizá, con la ilusión puesta en nuestro retorno. Cuando vienen a mi memoria Rosario, Asunción, Teresa, las imagino hermosas, de blanca tez y ojos enamorados... Debiéramos volver. Tenemos dinero, allí podríamos mejorar la vida de los nuestros.

Y Bartolomé, contagiado de su melancolía, le decía:

—Quizás tengas razón; dentro de seis días hará veintitrés años que salimos de allá, llevo la cuenta, hemos rebasado la aspiración que de allí traíamos... A los míos les gustará conocer a Asunción, mi mujer, y a los chicos, que al fin y al cabo son nietos de ellos, ¿no crees? Todavía nos quedan unos años para gozar de la vida, conocer nuestra patria; después se espera mejor a la muerte...

La muerte obsesionaba a Antonio, y esta palabra era como una gota de agua helada dándole constantemente sobre lo más vivo del alma. Entristecido, nostálgico, prosiguió.

—No quisiera morir lejos de aquellos. Para reposar eternamente no hay nada como la tierra propia, al confundirse con los cuerpos de los nuestros. Aquel cementerio con los muros blancos y sus dos cipreses oscuros como dos exclamaciones de exaltación a la muerte, es donde yo quiero descansar. La muerte allí, tan callado todo, tan alegre, ha de ser más dulce, más consoladora. ¡Parece un jardín! Además, piénsalo bien, Bartolomé, no queremos a todo aquello por ser hermoso, ni mejor que otros lugares, sino porque es nuestro, porque en realidad es una parte de nosotros mismos. ¿De qué me sirve a mí este color de aceituna que me presta este cielo, si la sangre nació de allí, de aquella tierra, de aquellas piedras, si solo se estremece al oír la canción que me cantó mi madre por vez primera? Hay que volver, Bartolomé, hay que volver...

Y así un día y otro día, y otro y otro más. ¿Por qué no lo hacían? No sabían por qué. Bartolomé tenía su mujer, sus hijos, un hogar hecho, feliz. Los chicos se educaban en una escuela, en Fuentefría no lograrían encontrar una parecida. Los hijos tenían que hacerse hombres. Antonio no se decidía por un imperativo de su falta de voluntad, por una indecisión en la realización de sus deseos, que se agarraba a su carácter,   frenándole, impidiéndole todo gesto o impulso de hacer realidad los proyectos.

Y pasaba el tiempo.

* * *

Trinidad era en la vida de Antonio una fuerte amarra sujetándole al borde de un puerto de deseos. Cuando el ansia de volver a España abrasaba el corazón de Antonio, Trinidad consumía este fuego, lo anulaba con la llama de una voluptuosidad avasalladora, como una catarata de placeres. Miraba hacia los suyos, hacia Fuentefría, y a sus ojos nacían olas viajeras con rumbo a sus amores más puros, pero volvía los ojos y un frío cuchillo las cortaba, la hermosura de Trinidad, el deleite sensual de su carne tostada, la dulzura de su voz, la caliente humedad de sus labios...

Y la nave seguía dentro de esa bahía de pasión.

Pero llegó un día, el día señalado. Trinidad era veleidosa y buscó el amor en otra playa. Antonio quedó solo con las amarras rotas, levada el ancla, libre al mar y a los vientos. Esta separación agudizó su melancolía que se iba convirtiendo en hastío. Se encontraba tan solo, tan huérfano de afectos, que lloraba en silencio por sí mismo.

—Es el momento -—se dijo—. Ha llegado la hora.

Arregló rápidamente sus asuntos. Liquidó su casa de junto al mar, completó su equipaje. Llevaba regalos a los suyos. Llevaría su coche. ¿Qué dirían en Fuentefría cuando vieran entrar a Antonio Sierra en su propio automóvil? Sería el primer fuentense, después del marqués, que poseía uno. Fue a ver a Bartolomé para comunicarle su decisión. A este le pareció muy bien; él no lo hacía por el momento. El hijo menor terminaría el bachillerato aquel mismo año. «Diles allá que el año que viene, sin falta, me verán llegar por el camino de las moreras.»

Se despidieron emocionados.

—No te pongas triste, hombre; total un año sin vernos no es para tanto le dijo Bartolomé sonriente. Antonio, por que no vieran lágrimas en sus ojos, cortó la despedida y salió rápido, decidido ya, a hacer solo el viaje de regreso.

* * *

Primero fue la mar, después la costa de su patria. ¡Qué emoción al divisar, allí entre una bruma rosa que se levantaba como una leve cortina sobre la línea esfumada del horizonte, una oscura mancha de perfil quebrado! En España, la patria, el lugar de la tierra en el que se escondía otro más pequeño, más insignificante que todos, pero para él más hermoso, el más querido.

Al pisar tierra nativa, Antonio sintió una emoción tan grande que se hacía sensible en su organismo. Un temblor estremecía todo su ser, los ojos se enturbiaban mientras sentía latir la sangre en los pulsos. Hubiese deseado tener unos brazos inmensos, infinitos para abrazar todo cuanto veía. A punto estuvo de arrodillarse y besar la tierra. ¡Era España! El corazón era una flor abriéndose a la mirada del sol.

A medida que estaba más cerca de Fuentefría, más fuertes eran las ansias de correr hacia él. Ahora veía en su recuerdo a sus padres, tan precisos, con tal claridad que le parecía tenerlos entre sus brazos. Le remordía la conciencia al pensar que muchos días pasaron sin que esa sagrada memoria le estremeciese, y esto le dolía. «Allí encontraré a todos, el pueblo estará igual, todos un poco más viejos, las casas igualmente envejecidas, pero estarán todos allí. ¿Por qué los querré tanto?».

Se había hecho el desembarco de su coche. Cargó con el abundante equipaje y tomó el volante. Dentro de tres horas estaré allí —se decía—. Llegaré a la hora de comer... A mi madre la emoción le quitará el apetito, para eso llevo tantas golosinas. Será la reina del pueblo. Tendré que hacer una escuela. Habrá que pensar en hacer alcantarillas, aquello está un poco atrasado.

El cuentakilómetros del coche no bajaba de ciento. Pasaban los árboles velozmente a las orillas del camino. Le faltaban pocos kilómetros. Antonio iba notando el cambio de vida y, por lo tanto, del paisaje. Había muchas más casas; Cuevas del Camino había progresado enormemente; en el centro del pueblo una enorme fábrica de opaco color gris esparcía como una artificial niebla polvorienta. Leyó un gran letrero: «Cementos España». Los cables del transporte aéreo cruzaban la pequeña villa; cerca del río, en el lugar llamado «la alameda», una gran barriada de hoteles modernos miraba su gracia en un gran remanso.

¡Caramba! Si que ha progresado Cuevas. Es lástima. Me gustaba más antes... Esa fábrica tan gris, tan triste, le quita alegría.

El carburador de su coche respiraba satisfecho como esos caballos pura sangre lo hacen después de una carrera victoriosa. Ahora llevaba Antonio el río a su derecha. Los álamos que crecían a los bordes del agua eran ahora enormes, erguidos con elegancia digna de ser cantada en un romance antiguo. De pronto reconoció la casa de tío Ventura. Pisó levemente el acelerador para adelantar unos segundos la llegada. Frenó al pensar por ver si reconocía a alguien. Mas, ¡qué dolor!; la casa estaba derruida; las ventanas y puertas arrancadas, la techumbre en el suelo; los muros estaban negros en su interior, de humo, por el fuego de los gitanos trashumantes y los pastores. Debía de llevar así mucho tiempo, hierbas salvajes y un acebo de amarga savia crecía entre los muros derrumbados.

Antonio reanudó su marcha velozmente. Le preocupaba una conducción eléctrica que parecía perseguirle allá en lo alto.

¿Habrán puesto luz eléctrica en Fuentefría...? No me gustaría —pensaba.

Ahora el río se ensanchaba considerablemente. Si no fuese por la peña del Cuervo que ya divisaba y la silueta del monte «Las Moreras», no reconocería su país. La carretera subía un pequeño repecho entre dos suaves colinas y dejaba el río a la derecha.

Al legar allí —se decía mirando la cumbre de la subida—, veré Fuentefría. Pisó fuerte, el coche dio materialmente un salto.

Al coronar la cuesta, Antonio quedó petrificado, tuvo que frenar como ante un peligro inminente, para no perder los sentidos.

¿Qué era aquello? ¡Dios mío! ¿Es posible? No puede ser, no puede ser. Me he equivocado, me he confundido de carretera. Pero no, allí estaba la peña del Cuervo y las Moreras y la sierra de los Gavilanes, y allí el castillo en la cima del monte Condal. ¡Era! ¡Era! Pero... Tenía ante sus ojos un enorme lago. Al fondo, una línea ligeramente curva contenía las aguas. Junto a la presa, una gran fábrica de energía eléctrica industrializaba el panorama. La carretera seguía amplia, confortable, toda la periferia del lago.

Con nada se puede comparar este dolor inmenso que paralizó al desgraciado Antonio. Bajó del coche y se quedó mirando fijamente las aguas.

—Allí está, allí están todas mis cosas queridas, todas mis ilusiones, la mansión que yo tenía reservada a mi corazón, la tierra que yo tenía escogida para última morada. Veía el pueblo sumergido, envuelto en la verde penumbra del agua. Aquel silencio imaginado le oprimía el corazón.

—Mi casa, mi blanca casa, de blancas paredes, entre las que soñé con lejanas tierras ahora vistas y otra vez lejanas. ¿Cómo estará la fuente con su gallo de hierro forjado descansando en el pilar del centro? El reloj de la iglesia, ¿en qué hora estará detenido? ¿Qué hora marcará a la sirena malhechora que torció el destino?

Veía su casa allá en el fondo y veía a su madre llorar a través de la reja como hacía tantos años la vio llorar cuando él partía.

¿Qué habrá sido de ellos? Habré de buscarlos. No pueden estar lejos.

Por la carretera avanzaba un jinete en parda mula cargada con dos grandes sacos de trigo.

—¡Eh!, buen amigo, ¿qué ha pasado aquí?

—¡Que qué ha pasado! —respondió el jinete sin comprender la pregunta.

—Sí. ¿Qué ha sido de Fuentefría?

—Allí abajo lo tiene usted. Hicieron la presa, nos dijeron que nos teníamos que ir, que el agua venía, y nos fuimos. Se hizo otro pueblo a unas leguas de aquí y allá estamos. No nos hizo mucha gracia, pero era orden del gobierno. Ahora tenemos luz eléctrica y todo.

—¿Usted era de Fuentefría?

—De allí soy.

—¿Conocía usted a los Sierra?

—¿A Manuel y Josefa, los del campillo? Ya lo creo que los conozco; tenían un hijo allá en las Américas que tiene mucha moneda. ¡Los pobres no podrán disfrutarla!

Antonio se estremeció.

—¿Qué les pasó?

—¡Qué les va a pasar! Les echaron de su casa, de Fuentefría; parece ser que su hijo no les escribía y ya eran viejos. La pena los mató. Primero ella, después el viejo. Tenga usted hijos para eso.

Antonio no quiso oír más. Sin despedirse, como un autómata, se alejó del caminante. Este le vio marchar, sin comprender. Se acercaba al agua. Roto, destrozado, sin fuerzas para sostener su pobre humanidad desamparada. Como un mar rebasando sus confines, como una tromba de nieve cayendo sobre un valle, así una tristeza, un dolor sin límite posible le acababa. Llegaron a su memoria todos los dolores pasados, los desengaños, la última desilusión de Trinidad, el vacío de su vida y más ahora que había perdido aquello que no falta nunca a la cita: el amor de sus padres. Se veía un miserable, causante de la muerte de aquellos dos viejecitos aniquilados por la pena... Fuentefría allí sumergido, con todo aquello que tanto ansiaba volver a ver y ahora con una barrera de agua más amarga que sus propias lágrimas. Pensó que su vida perdió el punto de arribada, solo Fuentefría allí intacta, le esperaba con su silencio submarino y su blanco cementerio acogedor a su muerte deseada.

«Todo se ha perdido, todo....». La más grande ilusión destruida, ahogada por una civilización de la que huía.

Estaba en el sendero por donde abandonó sus amores; por él había de hacer el retorno. Como un muñeco, ya en la región de la locura, siguió descendiendo el camino. Moría al borde del agua. Llegó al límite azul y siguió su marcha unos segundos, y unas circunferencias concéntricas fueron como enormes bocas, lanzando sus lamentos hacia el cielo.

Antonio volvió a ver su Fuentefría con la rabia y verdadera mirada de la muerte.

LUNA

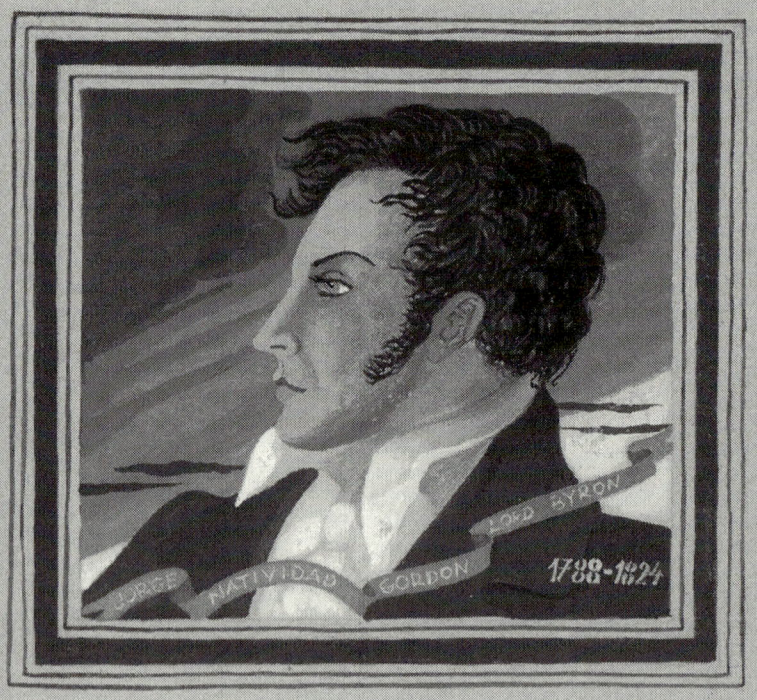

JORGE NATIVIDAD GORDON LORD BYRON 1788-1824

Luna 11
Apuntes para una conferencia
sobre la canción montañesa

HAY un verso del gran poeta chileno Vicente Huidobro que crea una imagen de poesía auténtica, al decir: «Una canción conduce el rebaño». Nada más sugerente y perfecto para indicar la canción del pastor que se escucha entre las esquilas resonando al leve balanceo de la marcha. Así, yo quisiera a lo largo de este paseo por las tierras y cielos de la Montaña, acompañarme con una canción. La canción popular creada espontáneamente por la gracia y perfección intuitiva de la gente sencilla española, gracia que a veces llega al grado más alto de la poesía.

A lo largo de este ligero comentario a la canción de mi patria chica, me voy a permitir —en lugar de decir simplemente la canción o copla como mera expresión del lenguaje— cantarla, es decir, repetir la música con su cadencia personalísima y su exacto acento.

Voy a pedir perdón por la osadía y hacer una advertencia sobre una posible creencia en ustedes de una parte de divismo en mi persona. Nada más ajeno. Voy a cantarles íntimamente, sin pretensiones de cantor y menos de cantante, con la misma naturalidad con que cantan los mozos cuando van por la carretera o como cuando un amigo íntimo pregunta por un cantar y se le dice en voz baja a lo largo de las calles de una gran ciudad en los paseos a la madrugada, o simplemente como se suele cantar dentro de un automóvil cuando el viaje es largo y se quiere acortar la distancia. Amistosamente, casi confidencial, quiero entonar las canciones que vais a oír; por ello, si cometo alguna falta, os pido perdón. Prueba de que no quiero hacer un concierto es la ausencia total de instrumentos, de toda necesidad si lo que yo pretendiese fuera lucirme como cantante. Así pues, vamos primero a hablar de la canción en sí y dejemos en segundo plano el ejemplo.

Una de las regiones de España más rica en canciones es, sin duda alguna, la provincia de Santander, la Montaña. Hay un estilo personalísimo de la canción que las gentes llaman «montañés».

Montañés por los cuatro costados —con sangre de marineros y de pasiegos corriendo por mis venas—, voy a recordar las coplas primeras recogidas por mis oídos vírgenes y cantadas por la voz adormilada de la chacha Elvira, moza montañesa oriunda de Villapresente, el puebluco que ha dado los mejores piteros de la región.

Tiene la montaña varios tipos de canciones. Subiendo del mar hasta los húmedos y altos bosques del Pirineo, los clasificaremos: hay la canción marinera con sabor a sal y fuerte olor a sardinas apresadas que cantan los marineros para seguir el ritmo de los remos y, luego, la canción que pudiéramos llamar de bahía, más desgarrada, con dejes de dársena y de taberna. Con letras mordaces y desenfadadas, con acento callejero y a veces soez, pero siempre con un sabor a arrabal y a red mojada.

Voy a cantaros, para empezar, una canción marinera, serena, melancólica, para ser cantada bajo la sombra transparente de la vela, mecida por las olas con nostalgia de tierra y amores nocturnos:

A la mar salen los ríos
paloma revoladora.
No pongas el pie delante,
deja que corra la ola.
Deja que corra la ola
que corriendo se divierte,
así me divierto yo
cuando voy de noche a verte.
Cuando voy de noche a verte
siempre voy con alegría
porque voy con la esperanza
de ser tuyo y tú ser mía.

Y, ahora, otra canción de marinero conocedor de la dureza de la vida de los hombres del mar. Su amante pide que la lleve a la mar y

él, por disuadirla, llega a negar su condición de marinero, y canta la
dulzura de la suavidad de la vida en tierra:

Yo no soy marinero, no,
a la mar no te llevo yo.
No te llevaré alma mía,
a la mar donde tú quieres,
porque fuera de bahía
se marean las mujeres.
¡Ay mi dulce amor!
Aquí en tierra está lo bueno.
Mira que es traidor
ese mar que ves sereno.

Llegando por la boca del puerto dejando atrás las crestas de las
olas, entramos en la calma acogedora de la bahía. Oímos los
chillidos estridentes de las pescadoras hablando a voz en grito en la
rampa del muelle de Puerto Chico y, entre los arrabales que huelen
a raba, oímos la voz de sardinera que sale de un balcón donde
cuelga a secar una húmeda red color tierra de Siena. La canción
dice así:

Los hombres de corazón
se suben por las paredes,
se meten por los balcones
a dormir con las mujeres.
¡Ay Soledad!, prenda adorada,
por dormir contigo anoche
te llaman la descarada.
¡Ay los higos, los higos, los higos,
los higos de mis higueras!
¡Ay los higos, los higos, los higos,
los higos se han vuelto brevas!

Perdonad la letra un tanto procaz que exalta una acción que
no suelen prodigar personas que se respeten, pero que era

imprescindible el repetirla si queremos evocar el arrabal santanderino.

En estas canciones de bahía, de puerto pescador, se aleja la intención poética, para pasar a primer plano la sátira, el comentario cotidiano, la mayoría de las veces el pretexto para poder decir al enemigo algo desagradable. Hay una canción que recorre todo el litoral cantábrico sin que se pueda fijar el punto de origen —aunque yo lo atribuyo más bien a Santander por el desenfado y el donaire— que sirve como tema musical para improvisar letra alusiva a suceso o tema inmediato. En Santander, por ejemplo, los pescadores de Puerto Chico que tienen no se sabe por qué una rivalidad antigua con los de Pedreña, pueblecito insignificante del otro lado de la bahía, cantan con esta música la letra siguiente:

Las muchachas de Pedreña
se dicen unas a otras
«las de Santander se casan,
¡cuándo lo haremos nosotras!».
(Estribillo.)

Otra de las múltiples letras que se cantan con este son es esta otra de indudable origen asturiano, a juzgar por el diminutivo en «in», característico del habla en Asturias, que dice:

Si tuviera una peseta
como tengo real y medio,
compraría un mandilín
con un ringo-rango enmedio.
A tu mandil
échale un ringo-rango
que retumbe
l'agua
l'arena.
Que triste se despide llorando
la mi morena.

Después, hay la canción que comenta un suceso. En esta, la imaginación popular sitúa el sujeto comentado dentro de una geografía familiar sirviendo de noticia en forma escueta y precisa. Recuerdo que durante la Gran Guerra entró con averías en el puerto de Santander un submarino de la flota alemana. Este hecho inesperado conmovió la tranquilidad, apenas alterada por el veraneo neutral de esta ciudad, y el pueblo se hizo lenguas hablando del suceso. El sumergible, que permaneció todo el tiempo que duró la guerra internado, fue anclado en los muelles conocidos por los de los arenales de Maliaño. Muy cerca de estos, una peña, más bien una pequeña colina llamada del Cuervo... Y la canción dice así:

Subiendo a la peña el Cuervo
y bajando al arenal,
lo primero que se ve
lo primero que se ve
es el submarino alemán.

Nada hay más triste que una despedida por mar. Hay toda una tradición de horror a los mares. Es el miedo a los elementos, a la furia desencadenada ante la que no hay defensa posible. Yo recuerdo la salida de los barcos correo del puerto de mi pueblo y no olvidaré nunca las promesas, las recomendaciones y los sollozos desgarrados de los emigrantes que decían adiós a familiares y amigos. Es el dolor de las madres ancianas que ven marchar al hijo, con el presentimiento de no verle nunca más. El de la novia que despide al amante, que marcha a hacer fortuna para realizar sueños creados, en voz baja entre palabras de amor. Es el adiós del ambicioso que marcha lejos en busca de una fortuna fácil. Es, la mayoría de las veces, el adiós del fracasado que cree luchar mejor lejos de su patria contra el infortunio. Es el adiós de los viajes largos en los cuales el regreso suele hacerse con el pelo gris y el cuerpo y alma fatigados. Por esto, las despedidas a la orilla del mar están siempre llenas de melancolía y por lo que la gente del litoral sabe de una filosofía que crea esta canción:

La vi llorando y dije:
—¿Por quién suspiras?
—Suspiro por mi amante,
le estoy llorando
la despedida.
La despedida es corta;
larga, la ausencia.
Ojitos de mi cara
tened paciencia.
¡La vi llorando!

Si nos detuviésemos en la curva cerrada del puerto, podríamos estar varias horas recordando canciones llenas de encanto y sabor local, pero nos esperan los cantares de tierras adentro, con olor a hierba fresca y a tierra húmeda bajo los cañaverales del maíz.

***

La canción que adormeció mis primeros meses de existencia es, sin duda alguna, de las más tiernas y de plástica más poética. Un Fray Angélico podría haberla imaginado. En esta canción, la poesía popular se apoya en el mito de los ángeles y les hace músicos del instrumento más rudo y primitivo: el tamboril, único instrumento que junto con el pito conoce, y canta y baila a su son la gente sencilla. La canción lleva a manera de introito, de preparación a la copla, dos versos con música diferente y una alusión al mar, que es lo que los flamencos llaman a ciertas notas finales en la falseta de la guitarra, «la llamada al cante...». Es decir, la preparación, la advertencia, la entrada o, simplemente, el poner en situación. La nana dice:

Ea, ea.
Que aquel que no se embarca
no se marea.

Este niño tiene sueño
y no se quiere dormir.

Que venga el ángel de la guarda
a tocarle el tamboril.

Desde luego, en su origen, la canción empieza en el verso «este niño tiene sueño», pero alguien pasó de los primeros versos y música de otra canción, formando una que, quizá por esa incoherencia, la hace más extraña, más misteriosa y sonámbula.

***

Entre los cientos de canciones que forman el acervo poético y musical de la Montaña hay diferentes tipos de canción que, por su ritmo, se clasifican en distintos estilos. Hay la canción de carretera, la de ronda, la de baile, la de romería o coro y la simplemente de lírica contemplación. Voy a citaros diferentes ejemplos.

Un modelo de canción de carretera que cantan los mozos para acompañar su soledad cuando marchan de un pueblo a otro, ya caminando libremente, ya ante la pareja de bueyes uncidos a la carreta, muchas veces recostándose perezosamente en el yugo para ayudarse en el andar, mientras con la aguijada cruzada sobre la nuca sostienen los dos brazos en una crucifixión indolente. La canción es así:

Cuando yo no la quería,
olé, olé,
no la cortejaba nadie
y ahora que yo la cortejo
la cortejan los chavales.

Cuando yo la cortejaba,
los cañaverales del maíz.
cuando yo la cortejé,
la cortejaba de noche,
de noche tenía que ser.

Esta canción que se canta en el valle de Piélagos y que voy a cantar a continuación, es una réplica a la canción de ronda, es decir, tiene todas las características de este modo. Contesta la moza al galán y es parte de un diálogo, respuesta a una pregunta cantada. Dice el cantar:

Por verte niño, por verte fue,
a mi ventana yo me asomé,
por verte niño, por verte fue,
dieron las doce, dieron las tres.

A Río Nuevo voy por agua,
a Río Nuevo voy salada.
—No voy por agua,
voy a ver a mi amante
que está de guardia
¡resalada! que está de guardia,
¡resalada!...
El ritmo y estilo son tan montañeses que es el valle de Piélagos mismo, bebiendo agua clara en el río de Miera.

***

En la ronda hay asimismo el desplante. Es siempre una copla corta, valiente y tajante, la mayoría de las veces un reproche, una crítica que al amparo de la noche se lanza para aquel o aquella que quiera recogerla.

En el pueblo de Renedo, encerrado en el mismo valle de Piélagos, oí esta copla valiente y criticona lanzada a toda voz a las mozas que escuchaban curiosas detrás de las ventanas.

Las muchachas de Renedo
no saben majar terrones,
no saben más que peinarse, lavarse,
y olé,
y asomarse a los balcones.

Cierta noche, viviendo yo en la casa más apartada de este mismo pueblo, me despertó este grito, esta afirmación en forma de canción brevísima:

Que ya no voy a Renedo,
que ya no voy.
Que ya no voy a Renedo,
que ya no voy.

Esta es una prueba justísima de la creación espontánea en la copla popular. El hombre que canta a toda voz su íntimo pensamiento, grita su decisión, lanzándola a los cuatro vientos. Yo me imaginaba al buen hombre, al que sin duda le había ocurrido algún contratiempo, posiblemente un desaire amoroso con una habitante del lugar, y exactamente a la salida misma del pueblo lanza la canción para que, resonando en el cerrado recinto del valle, ser oída por todos sus moradores. La indignación es tan grande que no encuentra nada más que seis palabras, pero las suficientes, para remachar su decisión, dejándola prendida entre los árboles con aire de majeza, como quien dice, «ahí queda eso».

****

La canción de baile o para el baile, tiene un ritmo saltarín lleno de alegría, y la letra suele ser casi siempre irónica y con alusiones amorosas. Voy a decir dos coplas que se acompañan normalmente con pandereta para animar a los bailarines:

Anda diciendo tu madre
que yo me muero por ti.
Que me muero no es verdad.
Que te quiero mucho, sí.
Dime dueño mío
dueño mío dímelo.
Dime dueño mío
¿quién te quiere como yo?

Mi amante es alto y delgado
como rama de laurel.
No tengo más sentimiento
que el estar ausente de él.

La primera estrofa lleva ese tono un tanto repipiado de la moza santanderina, con su negación —para que no se haga muchas ilusiones—, y luego la afirmación de un gran querer.

La segunda, de un acento popular de la mejor estirpe, tiene dos primeros versos magníficos de imagen: «Mi amante es alto y delgado / como rama de laurel». En ellos define la esbeltez del galán, y, al recordar la rama de laurel, además de la belleza poética de estas dos palabras, sugiere triunfo y nobleza. El estribillo, magnífico de ritmo, para ser seguido por el trenzado de los pasos de baile, se repite siempre con una confesión de amor al interrogar al amante bailarín.

(Seguirá en el número próximo número)

LUNA

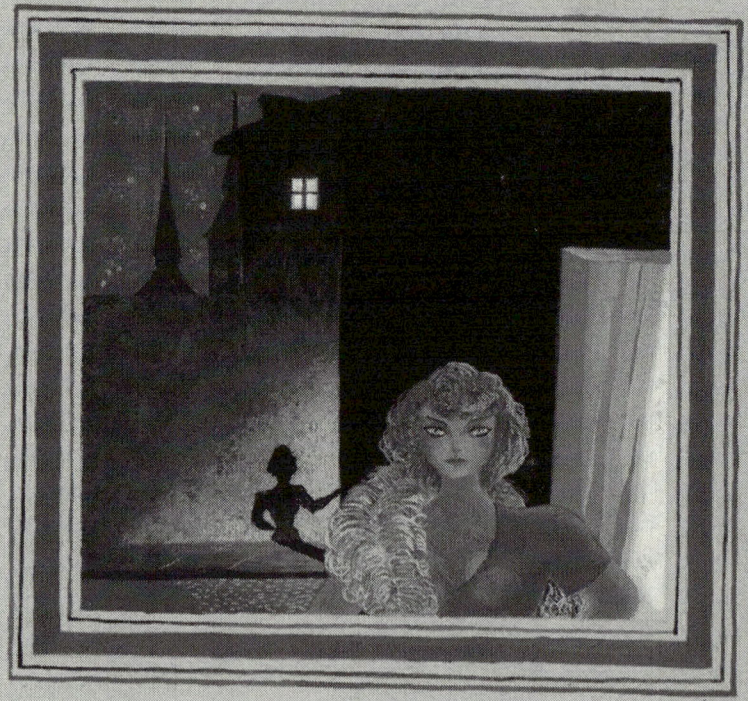

Luna 12
Conferencia sobre
la canción montañesa

La cadencia en las palabras: «dime dueño mío, dueño mío dímelo» se hace dulce, melosa, arrobadora. En el último verso la confesión es rotunda, apasionada y gallarda. Hay un tipo de canción que podríamos llamar coro o romería, creada más bien para ser cantada a coro. Su causa es seguramente camino a recorrer sobre carretas que hacen a veces varios kilómetros de trayecto para ir a la mies o a la romería. Cuando estos viajes son colectivos, surge la necesidad del coro, es decir, un cantante comienza la copla y el resto le acompaña interviene en la canción entonándola en diferentes voces.

Desde luego la Montaña, pese a una idea general equivocada, ha dado muy rara vez canción coral y a ello se debe el que con frecuencia en coros del valor en maestría, en voces prodigiosas de calidad y volumen, de los «coros montañeses», ciertas canciones al orfeonizarlas pierdan gracia, frescura y, en definitiva, queden desvirtuadas. ¿Motivos paro esta carencia casi total de la canción coral? Yo lo atribuyo a que el montañés, el campesino montañés, carece de sociabilidad. Las casas separadas unas de otras por centenares de metros, sin taberna ni local análogo para cobijar desocupados, hacen difícil la reunión y, solo en la «bolera» (deporte del país), en la mies y en las romerías del pueblo y sus contornos, les hace formar grupos de donde surja esa canción coral. Viene a darme a razón, en esta opinión mía, el que los pueblos que más bellas canciones para ser cantadas a varias voces han sido los vascos marineros que tienen su «chacolí» o taberna donde cantan hasta enronquecer, y los asturianos que se reúnen en el «chigre» bebiendo sidra en cantidades astronómicas, y los gallegos que ahogan su «morriña» en vino del Riveiro bajo los techos aculotados de los figondeños. En Cataluña, donde la canción se hace más culta, lo es a través de masas corales con dirección erudito y tiene una clara maestría, en la galanura entre popular y cortesana de la «cobla».

La Montaña solo puede cantar a coro en determinados días del año: los de la recolección y los de culto popular a los santos venerados.

Un ejemplo de canción colectiva,

Eres como la rosa de Alejandría,
Morená, saladá

Muestra bastante popularizada pero perfecta de la buena canción montañesa. De magnífica calidad la lírica, con una invención poética finísima, creando una rosa que llaman de Alejandría solo y exclusivamente por el prestigio y la fonética de la palabra Alejandría.

Otra canción coral, bastante popular, dice:

Al olivo, al olivo,
al olivo subí,
por cortar una rama
del olivo caí.
Del olivo caí,
quién me levantará.
Esa gachimorena
que la mano me da,
que la mano me da,
que la mano me dio.
Esa gachimorena es
la que quiero yo.
Es la que quiero yo,
es la que he de querer.
Esa gachimorena
ha de ser mi mujer.
Ha de ser mi mujer,
ha de ser y será,

esa gachimorena
que la mano me da.

El tema musical es montañés puro; sin embargo, la letra estoy
por asegurar que tiene origen en otra región de España que bien
pudiera ser Andalucía. La alusión al olivo, árbol poco frecuente en
la Montaña, resulta extraña, y la palabra «gachi» no tiene explicación
sino en la de «gachí», expresión usada por los andaluces para
indicar una mujer. No puede uno imaginarse a un pueblerino
montañés empleando esa frase del «caló» andaluz. No es de
extrañar esta trasplantación de una canción andaluza al norte de
España y menos en Santander, que ha dado una clase de emigración
a las tierras bajas de Sevilla y Cádiz, que lleva un nombre propio, los
«jándalos». Estos mismos, a su vez, han llevado canciones
montañesas a tierras del sur que, con acentos de cante jondo, he
oído cantar a los gitanos de Jerez de la Frontera.

***

Hablando de romerías, hagamos una escapada, de nuevo, al mar
para recordar una canción que cantan los pescadores a la Virgen
del Carmen en su día, cuando en una trainera adornada de flores,
bogan por la bahía entre salmos y músicas religiosas. Los marineros,
al verla llegar, entonan esta canción que allí llaman «folía».

Mírala por dónde viene,
mírala por dónde llega,
mírala por dónde viene
la Virgen de la Barquera.
Atraca marinero,
atraca al muelle,
que la Reina del Cielo
embarcar quiere.
Válgame Dios que ya viene,
válgame Dios que ya llega,
válgame Dios que ya viene

la Virgen de la Barquera.
Atraca marinero,
atraca al muelle,
que la Reina del Cielo
embarcar quiere.

El fervor popular da cédula de vecindad a la Virgen marinera llamándola «Virgen de la Barquera», y creo que la Virgen del Carmen se ha de sentir orgullosa de ello, al oír la melodía apasionada, cantada por las voces maduras de sal cantábrica de los hombres de mar.

***

La Montaña, como parte de Castilla, aquella por donde esta se baña en el mar, sabe igualmente del romance. El que voy a cantaros seguidamente es un breve romance que no canta hazañas de moros ni caballeros medievales, sino una alusión a un hombre de condición humilde engrandecido por el amor y en él firme como la acerada rama del laurel. Es un romance que tiene su origen allí donde la Montaña une sus tierras castellanas con las de Burgos, ricas en leyenda, historia y cancionero. En tierras de carbón vegetal (romance de carboneros se llama) nació este romance.

Baje usted madre con el dinero
que por allí va mi carbonero.
Va pregonando carbón de encina,
carbón de encina, carbón de roble,
carbón de encina, carbón de roble,
que la firmeza no está en los hombres
ni en las mujeres, que está en la rama
de los laureles.

Aquí, la poesía es profunda y conocedora del alma humana, y como en otras tantas canciones es exquisita la expresión, de una sobriedad y precisión perfecta. Santander ha dado, por regla general, el cantar breve, escueto, a veces exageradamente breve, pero esa misma brevedad le da encanto y deja ese sabor agridulce del manjar retirado de la boca a medio gustar. Este, por ejemplo,

A la primera descarga
dieron muerte a mi consuelo.
No fueron cazadores
que fueron artilleros.

O esta otra,

Mi abuelo se marchó a Murcia
y se metió a limonero.
De los mejores limones
me dejó por heredero.

Las dos de una melodía antigua y conmovedora, llenas de un sabor a la época de nuestros abuelos, produciéndonos la emoción de esas primeras fotografías rubias, descoloridas por la íntima oscuridad de los armarios abiertos de tarde en tarde.

La segunda canción tiene un cambio, un giro brusco, para tornarse en canción de baile, quizá para cortar conscientemente la melancolía del recuerdo, como quien pasa un fino pañuelo por los ojos húmedos de lágrimas.

Es primorosa, una de las más bellas de todo el cancionero montañés, la siguiente:

Paso ríos, paso puentes,
siempre te encuentro lavando,
los colores de tu cara
el río los va llevando.
Si vas a la fuente
no bebas del agua,
que la envenenaron
tus ojos serranos.

La idea del agua llevándose los colores de la moza que lava en el río a la sombra curva del puente es poesía pura y nada más preciso para ensalzar unos ojos turbadores que el hacerlos capaces de envenenar un agua pura.

Uno de los más grandes «cantaores» del cante jondo inventó este fandango primoroso:

A un arroyuelo a beber
vi bajar a una paloma.
Por no mancharse la cola
levantó el vuelo y se fue.
¡Qué paloma más señora!

En esta copla, Cepero, maravilloso «cantaor» flamenco, con su vena popular coincide con esta otra que se canta en mi pueblo:

Una palomita blanca
como la nieve
en el alma me ha picado...
¡Cómo me duele!

En la segunda copla, el hecho poético se hace misterioso, sin explicación posible: es simplemente un estado de ánimo saliendo por las puertas del alma en brazos de la música.

No podía faltar al cancionero montañés la sátira sobre el marido consentidor, ciego a los devaneos de la mujer casquivana. Tenía que existir y existe con una calidad finísima en la copla y maravillosa en la melodía. La sonoridad en esta canción se hace antigua, un acento que nos sugiere un instrumento casi primitivo. Tiene una cadencia nostálgica y melancólica como los recuerdos lejanos con ese «flou» sordo y emocionante de los sueños. Oiréis la canción.

La molinera tiene
lindos vestidos,
con el trigo que roba
a sus vecinos.

La molinera
dale con aire
con aire
a la rueda.
La molinera.
La molinera lleva
ricos collares.
Y el pobre molinero
dale que dale.
Dale con aire
dale con aire,
con aire a la rueda.
La molinera.

Yo encuentro tal nostalgia en esta copla. La cadencia se hace tan emocionante y evocadora en el estribillo que creo que en su origen pudiera ser que careciese de esa emoción, y solo el molino de los años ha producido este matiz de poética sonoridad como si los cantantes pusiesen la raíz del cantar en aquellos lejanos años de su creación.

Para mí es una de las canciones de más aristocracia que ha producido la Montaña. Es lo que a la música culta, Bach, Mozart, Scarlatti. Como en estos grandes músicos, en esta canción la gracia estriba en la medida exacta. A más precisión en la medida más puro dará el estilo. Muy olvidada ya, solo la he oído cantar a gentes ya al final de vida y cuando a fuerza de estrujar la memoria volvía al presente, la canción va impregnada de ese dulce y evocador perfume incomparable.

No puedo dejar de deciros esta otra canción, a la que se la puede atribuir una ligera influencia asturiana. Aunque más bien se puede asegurar que esta semejanza con el estilo de las canciones de la región vecina es producto de un paisaje idéntico casi, de un mismo horizonte aunque del otro lado.

Segadora, tú que siegas
con rocío y neblina,
si no siega la guadaña,

saca la piedra y afila.
Segadora, qué bien siegas,
¿quién te afila la guadaña?
Me la ha afilado un segador
a la sombra de una rama.

El acento es menos bravío, menos salvaje —en el sentido más elogioso de esta palabra— que en las canciones astures. La plástica es de una ternura bucólica, blanda, si se quiere, que es precisamente lo que diferencia la manera de las dos regiones. Asturias, más abrupta en su geografía, más violenta y de mayores contrastes en su vida diaria, produce un tipo de canción más varonil, si se quiere, con una personalidad inconfundible, pero carente de ciertos matices, de ciertas galanuras que son el encanto mayor de las montañesas.

Las palabras todas de esta canción son tan vernáculas, están tan ligadas al paisaje y a las costumbres que dudo haya un montañés que al escucharlas no sienta ese estremecedor escalofrío tan dulce al alma, tan amorosamente recogido en el recuerdo. La sencillez, la simplicidad del diálogo lleva una ternura en él que recuerda la belleza del son de la esquila, del emocionante mugido de la vaca rumiando su melancolía allá abajo, en el establo, cuando el alba nos despierta con el clarín de los pájaros. Los últimos versos son de una belleza poética bellísima que la incorporaría a su poética los poetas más puros y exigentes.

***

Rara ha sido la vez que reunido con amigos amantes de estas coplas, no hayamos dicho este breve grito, esta oración desesperada que se eleva a San Roque, patrono de Llanes, y al cual se le hace alegre y suplicante romería en su día. Es por esto que no puede faltar hoy esta canción oída ante la imagen de ese santo y cantada con una desesperación llevada al paroxismo.

A San Roque, abogado contra pestes y males, le cantan así:

De peste y males
libranos,
Roque Divino,
a todo el pueblo de Llanes.

Como habéis oído, la canción es breve, una «saeta» lanzada y a la cual el Santo no es posible que desoiga. La melodía es de lo más extraña y no recuerda a ninguna otra. Escrutando en su origen pudiera ser que se le encontrase un paralelo en las canciones judías. El tono suplicante, desesperado, se hace lamento desgarrado muy comparable al de las saetas del cante andaluz dedicadas a las imágenes veneradas en las procesiones de Semana Santa. La paternidad de esta copla se la reparten Santander y Asturias, por ser este pueblo de Llanes el límite de las dos provincias. Como decía, carece de tal forma de referencia en el cancionero español, hasta el punto de que Halfter, Durán, Pittaluga, Sáinz de la Maza, el mismo Lorca, conocedor como nadie de este tesoro popular que son sus canciones, quedaban sorprendidos y, de no decírselo, y suprimir el último verso que lo sitúa en el mapa, no hubiesen fijado el lugar donde fue creada.

Es natural que, por mucha personalidad que tenga una región en su expresión musical y poética, sufra influencias de las provincias vecinas, y así alguna vez en las de Santander percibimos aire asturiano, leonés y el sobrio y filosófico de Burgos. Pero en estas influencias es precisamente en las que mejor se saborea el matiz que las distingue.

Voy a deciros un ejemplo de clara influencia, pero de idéntica claridad en su clasificación.

En los montes de Asturias, los «vaqueiros» cantan, acompañándose de un pandero, esta canción que es la más genuina de cuantas resuenan sobre su paisaje.

Vaqueira vaqueiriña,
el amor que te teñu
naide te lo tuviera.
Dame la ma pa subir al orriu!

Que dame la manu
que de pena morru.
¡heee!

Este tipo de canción es quizá uno de las más antiguos de España. Los «vaqueiros» las cantaban cuando huyendo de la dominación árabe subieron a los montes. El ritmo que les sirve de medida lo consiguen con un pequeño pandero, haciendo con ello un primitivo acompañamiento, un tondo rudo, áspero y montaraz.

Después, en Santander, muchos siglos después, concretamente en los últimos quince años, los cantaores populares crean esta copla que casi la iguala en calidad.

Esta noche hay pizarrón.
Mañana será la siega.
Unos tocan a campada
y otros a campada y media.
Unos a media campada
y otros a campada y media.

Como habéis oído, la semejanza es grande, pero, sin embargo, la línea melódica es menos áspera, más blanda y amable. Es decir, una canción de paisaje menos abrupto, de poderío, de vida más fácil y confortable.

La vida campestre, fuente inagotable del tema que nos ocupa, carece de problemas importantes en la región santanderina. Dividida, la tierra hace de todo habitante un pequeño propietario y si bien no poseen grandes ambiciones tampoco sufren grandes desilusiones. La vida transcurre lejos de toda complicación y siendo así sería raro que expresasen lo dramático no conociendo el drama. Aun en el amor no correspondido ponen una resignación que es el polo opuesto al alma de la canción andaluza, donde la tragedia ronda con frío de navajas y emoción de guitarras. Todo pasa dulcemente y dentro del solo tono de verde apacible que engalana sus campos.

Los temas prácticos rara vez son filosóficos pero, sin embargo, las imágenes son un canto constante a la naturaleza poniendo siempre el dedo en la llaga de lo más hermoso. Ronda todo alrededor de los temas eternos y es la luna, las estrellas altas y serenas, la mar y los ríos claros, el laurel y la rosa, la paloma y la noche. Son las faenas nobles de la vida trabajadora, es la exaltación de lo íntimo, de lo humano y lo sensible.

No escuchamos la tragedia, pero oímos la égloga. No resalta la pasión abrasadora, pero resplandece el amor arrobado.

No hiela el alma de desolación, pero produce emocionado escalofrío.

Y, sobre todo, nos presenta la vida de este pueblo con las puertas de par en par abiertas para visitar sus rincones más apetecidos, las estancias donde habite el alma de su poesía. El fuego familiar para entibiar recuerdos, rostros queridos, corazones que fueron nuestra ilusión primera.

Estas canciones mías que sirven en la ausencia para acercar con la voz una tierra a quien se ama con el misterio insondable del origen.

LUNA

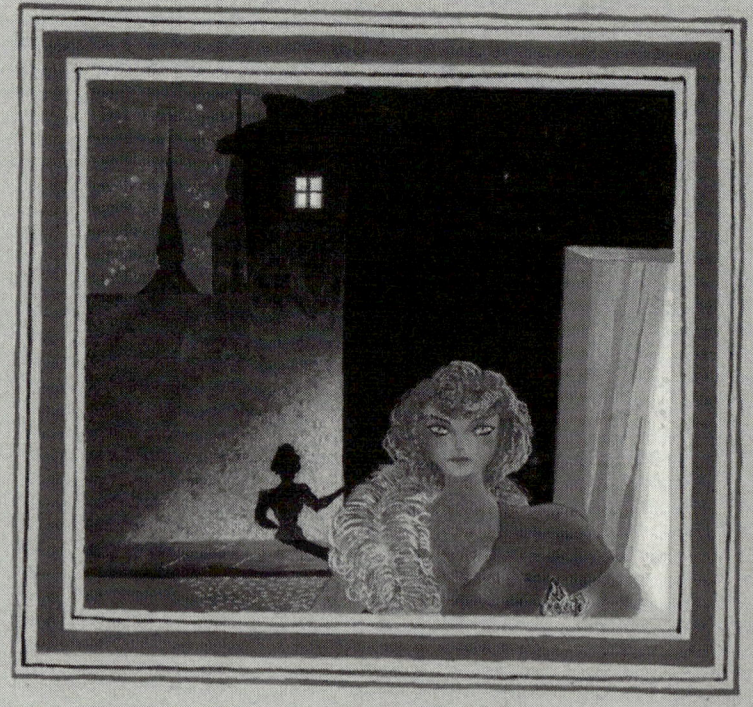

Luna 12
ELLAS

SE puede ser todo lo contrario a un don Juan o a un Lord Byron, y hasta ser mediocre y haber pasado por la vida a la vera de personajes con tal personalidad que dejan en uno un inmenso archivo de emociones, sensaciones imborrables que pueden ser en la vida de los insignificantes, a veces, hasta la justificación de una existencia.

Así yo alguna vez, cuando he estado muy próximo a un fin tan trágico como desproporcionado, en mi fuero interno he pensado: bueno, qué le vamos a hacer, lo «bailao», «bailao». O, lo que es igual, que ante la idea de abandonar esta vida tan agradable —creo que, a pesar de todo, la vida es una de las cosas más agradables— me preparaba para ese último instante un estado de ánimo bastante resignado. Treinta y seis años. Yo calculo que haciendo una división equitativa salgo a cinco sufriendo, veinte hablando y riendo, uno trabajando, uno indiferente y diez durmiendo. No me puedo quejar.

También entra en mis cálculos —si estos señores no opinan lo contrario— vivir todavía treinta más que procuraré poderlos dividir al final en idénticas proporciones.

Uno hubiera querido ser, naturalmente, un hombre famoso, genial en una obra que le dejase blandamente en brazos de la Inmortalidad, y haber sido adorado por tantas mujeres como uno ha deseado, pero, claro, comprendo que es mucho pedir. He aquí para lo que la resignación forma parte entre los valores del alma. Sin embargo, cuando se piensa en las mujeres que han desfilado al lado de uno, aunque haya sido como mero espectáculo, no puedo por menos de sentirme contento.

Por ejemplo:

Conocí a una muchacha de la buena sociedad montañesa y de una belleza perturbadora que lloraba delante de un crepúsculo, «sentía el paisaje» —palabras textuales— y se notaba en sus ojos dorados unas ansias que no podía explicar, y yo sí.

Una belleza valenciana que se arruinó y vivía como una gitana —de las malas— por un escultor mediocre y asturiano.

Después otra que se pegó un tiro por un argentino. Y otra que se suicidó junto a su amor, el pianista de un cabaré montparnasiano.

Y otra que se tiró de un segundo piso —siempre por amor— y que una serie de casualidades me obligó a ser el que la recogió del suelo.

Después Margot, que se abrió las venas por un estudiante de diecinueve años y que el primer día de convaleciente salió a fortalecer sus 35 años habiéndole olvidado ya.

Conocí a lady Hamilton, que se divorció de su marido porque este se había enamorado de una ternera en una feria de ganado y se la llevó a vivir con él en su palacio de Londres.

Y a la princesa Cassatti, que colaboró en un amor de D'Annunzio y se paseaba constantemente con una bola de cristal de roca en la mano, que este poeta le había regalado.

Otra señora extraordinaria de belleza, que un jueves me decía formalmente, ante un cuadro que representaba a Salomé, que ella había sido en su primera encarnación esta inquietante princesa, y que el sábado siguiente se abría las venas en el Negresco de Niza, habiendo echado previamente varias botellas de «bourgogne» para dulcificar el espectáculo de la sangre.

Tuve amistad con una norteamericana que parecía evadida de un cuadro de Rubens, que al séptimo whisky pedía prestada la bicicleta a los «flics» y se paseaba como una bacante surrealista delante de «La Rotonde».

Pasando un verano en la casa de campo familiar pude leer la carta que a su novio escribía una de las sirvientas y que entre muchas cosas decía: «Porque yo soy una mujer muy honrada y muy fértil...». Para ella, la fertilidad era una cosa así como las siete virtudes.

Una tarde en un café céntrico de Madrid se sentó a nuestra mesa una chica de esas que las buenas familias, cuando una sale así alguna, le niegan el parentesco y habló durante largo rato. Era tan vulgar como bonita y esto último lo era mucho. Le pregunté su nombre y me contestó esta pequeña obra maestra: «Me llamo Gaby, antes me llamaba Josefina, pero desde que me enteré de lo de Napoleón cambié».

Fue muy amiga mía Lydia Vadvinikov —así es la pronunciación— que se hacía llamar a su vez princesa de Vadvinikov. Por lo visto, Vadvinikov en ruso es el nombre de una sopa. No he podido nunca comprender el porqué. Pues el que una mujer bella y de gran prestancia se dé ese título de nobleza está dentro de los límites de la estupidez humana, pero que como señorío escoja el de una sopa, y creo que bastante vulgar, eso creo yo que es abusar de la generosidad de esa estupidez.

También tuve amistad con doña Paca. Una gran señora, mujer de un indiano montañés, que llevaba un ojo postizo, los dientes y la peluca. Nunca se me ocurrió pedirle que se mostrase en su ser natural de miedo a que se destornillase la cabeza.

He conocido a muchas, muchísimas, que amaban a unas mujeres mucho más feas y más masculinas que la mayoría de los hombres, cosa que por mucha comprensión que yo tenga no he llegado a comprender.

Conocía a Madame Scott y sentí por ella una gran ternura, pues trajo a mi memoria toda mi infancia tomando su famosa emulsión de la cual estoy seguro no necesitaba.

A Loë Fuller, que es la mujer que más se parecía a la Infanta Isabel.

Estreché la mano de Isadora Duncan —aunque se enfade el poeta Aparicio—, y estrecharla fue como apretar una patata asada de esas de: «Chuletas de huerta, que ahora queman».

Otra sirvienta de casa, siendo yo un jovencito odioso de esos de los quince años, me dijo, mirando la sombra de mi bigote virgen aún de la Gillette: «Qué grasia, vaya un bigote más errebusto». La muchacha era vasca y había encontrado mi bigote incipiente muy robusto.

En plena guerra, una tarde en las Ramblas de Barcelona tuvimos que separar Barbero, Farias y yo a dos mujeres que se estaban propinando una paliza descomunal. La una pequeña, hombruna, con un traje sastre, estaba a dos dedos de la victoria, o sea, del k.o. La otra era una mujerona linfática con un cutis mitad herpético, mitad alcohólico, pintarrajeada como un clown. Las dos arpías se agarraban del pelo y de tanto tirar hacia abajo llegaban a dar con sus frentes en el suelo mientras dejaban ahogar un grito de dolor que sonaba como esos tranvías en las curvas mal engrasadas. Desde luego, en época normal el Ayuntamiento no las hubiera permitido mostrarse en público por estética. Cuando conseguimos separarlas, preguntamos a la más gruesa, que era la más castigada: «Pero ¿por qué os pegáis?». Y ella nos contestó esta confesión desconcertante: «Mire, es que es una viciosa refinada que está enamorada de mi cuerpo, pero yo tengo un hombre que es este». Y nos mostraba un medallón con la foto de un hombre que daba miedo. El fotografiado presenciaba a unos metros la batalla. Yo me acerqué y le rogué que interviniese. Él hizo un gesto con la mano, se encogió de hombros y se marchó.

Un amigo mío, pintor y millonario argentino, se casó con una domadora de leones, y desde el día de la boda, porque ella no quería, no nos volvió a hablar más. Nos lo explicamos...

Mi amiga Nelly tenía una voz deliciosa, solía venir a mi cuarto en las madrugadas y me cantaba canciones de cuna. Yo me dormía, ella se iba, y nada más.

Una vieja aristócrata malagueña me quería hacer creer que las izquierdas españolas daban a los niños un duro para que no fuesen al colegio.

A una primerísima actriz la oí pedir a voz en grito que encendieran la luz negra, y el electricista, que era un humorista, dio a una palanca y dejó la sala en la más completa oscuridad.

En Chiclana, yendo yo en coche, estuvimos a punto de atropellar a una vieja chiclanera. La buena mujer por milagro pudo subirse a una acera. Se volvió para dirigirnos un feroz insulto y, viendo mi cara que la miraba con gran simpatía, cambió el insulto y me dijo con un retintín inolvidable: «¡Ay!..., que tiene usté una cabeza mú grande».

A una belleza canaria, a la que en los bares elegantes de Madrid llamaban Marlenne, la oí decir una noche que era monárquica y que a la reina Victoria le debían de dar Madrid porque era de ella.

[A] Una familia amiga, compuesta por una madre y tres hijas, las tres muy guapas, le dijo un velador que se iba a acabar el mundo y que el último lugar del globo en hundirse en el caos sería La Coruña. El primer aviso sería el quedarse a oscuras la ciudad. Las cuatro mujeres liquidaron su casa de Madrid, malvendieron todo, ¿para qué querían el dinero?, y se fueron a La Coruña a esperar el cataclismo. Pasaban los días y nada. Para no darse cuenta de la catástrofe tomaban grandes dosis de éter que las hacía vomitar poniéndolas a morir. Como pasaba el tiempo y el mundo no se acababa, unido a que el éter era peor que el espectáculo de ver dar fin al universo, volvieron a hacer su vida habitual. Se decidieron a ir al teatro. Una buena tarde, sin saber por qué, se apagó la luz por una avería en la central. El espectáculo que dieron estas cuatro mujeres se puede perfectamente comparar con el que será ver el auténtico fin del mundo. Yo soy amigo de ellas y estaba en el teatro de La Coruña ese día.

Una prueba del sentido reverencial del dinero en las mujeres es este diálogo sostenido con una gran amiga mía. Tumbados en la arena de una playa del norte de España tomábamos el sol ella y yo. Hablábamos de cosas intrascendentes. Puestos en el terreno de lo absurdo pensábamos qué escogeríamos si nos fuese dado un poder sobrenatural. Yo, quizá por lo atractivo del mar próximo, pedía el poder andar por el fondo de los mares, como si no existiese el agua. Ella, todavía no sé por qué, se salió del tema y dijo: «Yo, dinero, dinero, y dinero». A lo que yo le advertí: No comprendes que con este poder que yo pido podría recoger para mí todos los tesoros del mar. Entonces ella me contestó rápida, como quien está segura de lo que dice: «¿Y qué? Con dinero, yo mandaría quitar el agua».

Otro día estaba en el camerino de una actriz joven, archisimpática y de famosa y auténtica belleza. Se me quedó mirando con cara de asombro y prorrumpió en la carcajada más conseguida que yo he presenciado. Estuvo riendo un buen rato y cuando entre hipo e hipo le preguntamos la causa, nos dijo qué era, que acababa de descubrir que mi cara tenía forma de chocolatera. En efecto creo sinceramente que el símil es perfecto. ¡Qué le vamos a hacer!

He querido anotar nada más que una parte insignificante de momentos de esos que yo digo que merecen una vida y solo los he escogido entre los superficiales, los frívolos. Aparte de los suicidios que, para qué nos vamos a engañar, también son un tanto frívolos esos suicidios, todo lo antes escrito hace más reír que llorar. Yo soy enemigo de mostrar mis dolores y creo que es una forma de generosidad. A su vez, si yo relatase momentos vividos o presenciados de más humanidad y con tono más profundo, correría el riesgo de parecer pedante. Todo lo antes dicho le ha podido ocurrir a un ser vulgar. Las otras, ¿para qué contarlas? Muchos, amigos míos, me ibais a pedir pruebas, y para qué entrar en ese jardín salvaje que es una discusión de esta índole.

Mientras tanto sigo apoyado en mi balcón esperando el desfile de todas estas cosas tan intrascendentes pero que me hacen feliz.

LUNA

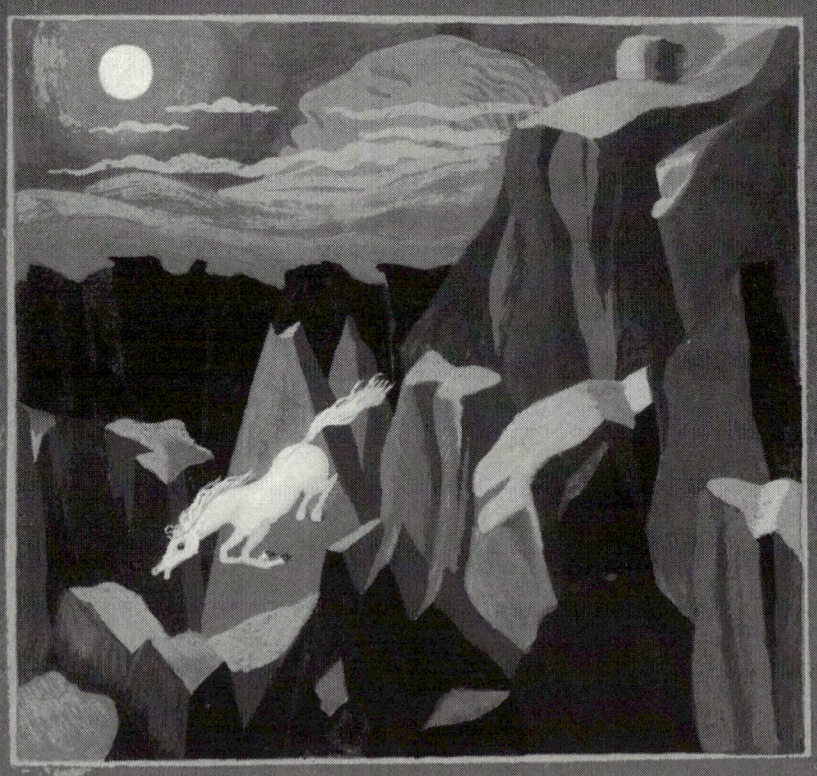

Luna 13
El perro

EN un amplio zaguán de casa campesina un hombre y una mujer sentados ante una gran chimenea donde hierve un enorme caldero. Colgado en el vasar de la campana un candil parpadea y es su leve luz la única que ilumina la escena. En las blancas paredes, de un gris ceniciento allí donde la luz es escasa, los cacharros de cobre son como carbones encendidos al reflejo de la llama.

Al fondo, a su derecha, una gran puerta que comunica con el exterior.

Ulula el viento.

La mujer, acurrucada en un escabel, suspira de vez en cuando. El hombre mira ensimismado el crepitar de los leños. Saltan por el aire, después de un pequeño estallido, puntos de luz que mueren en un corto vuelo.

LA MUJER
¡Ay!

EL HOMBRE
El viento parece quererse llevar la encina.

LA MUJER
Por mí que se la lleve

EL HOMBRE
La encina la plantó mi padre siendo mozo.

LA MUJER
Sí, pero el viento se llevó a tu padre y se nos llevará a nosotros...

EL HOMBRE
La encina tiene un corazón más fuerte que el mío, sus raíces están clavadas en la tierra... Quizá no pueda llevársela.

LA MUJER
No sabemos en dónde se clavan las raíces de nuestro corazón.

EL HOMBRE
Las del mío en el aire.

LA MUJER
Las del mío en el tuyo.

EL HOMBRE
Ya está viejo mi corazón..., muy viejo.

LA MUJER
¡Ay! *(Suspirando.)*

EL HOMBRE
A veces pongo mi mano sobre él y no lo siento, pero de pronto lo siento arrebatado gritarme su presencia.

LA MUJER
Déjalo, no le preguntes...

Hay un largo silencio. Sigue el viento como un lobo oscuro buscando su presa en las arboledas. Los cobres colgados se encienden al partirse en pedazos un leño encendido. Se acusan los negros de sus sombras como un carbón que va a extinguirse, cuando el fuego aplaca su furia.

LA MUJER
Se va a apagar ese fuego.

Coge la mujer varios leños y los echa sobre los otros encendidos.

Ahora el viento con su brazo inmenso sacude la casa, mueve las ventanas y enseña su larga cola por el cañón de la chimenea.

EL HOMBRE
Desgraciado el caminante. ¡Ay del pastor en la montaña! Se caerán cientos de pinos. Se morirán los arbustos.

LA MUJER
¡Ay, Dios mío!

El aullido de un perro ha poblado de miedo todo el valle por los cuerpos de los aldeanos corre un escalofrío.

EL HOMBRE
¡Esos perros!

LA MUJER
¿De quién será?

EL HOMBRE
Parece el del Soto.

LA MUJER
Este tiene el aullar más agrio.

Repite el can el aullido, esta vez más cercano .

EL HOMBRE
Ese perro presiente los lobos.

LA MUJER
También dicen que lloran a la luna.

EL HOMBRE
Esta noche no hay luna.

Vuelve el perro a su llanto y cuando su lamento va traspasando los montes se oyen tres golpes secos sobre la negra curva de la puerta.

LA MUJER
(Temerosa.) ¿Quién será?

EL HOMBRE
Algún caminante.

LA MUJER
¿Camino de dónde?

EL HOMBRE
De donde sea. No le hagas esperar.

Acude la mujer estremecida hacia la puerta. Descorre el gran cerrojo y las puertas se abren a la noche oscura. Aparece una mujer enlutada, de cara pálida y ojos profundos. Su edad es indefinida y su voz emocionante.

LA ENLUTADA
¿Me dais cobijo?

LA MUJER
Pase.

LA ENLUTADA
Gracias.

EL HOMBRE
Acérquese al fuego. En noches como esta y andando de camino siempre se agradece.

LA ENLUTADA
Traigo las manos heladas. Mira.

La enlutada ha puesto sus dos pálidas y frías manos sobre las del hombre, que se estremece a su contacto. Por tercera vez vuelve a aullar el mastín.

EL HOMBRE
¿Venís de muy lejos?

LA ENLUTADA
De muy lejos. Busco la raíz de un árbol para con ella matar todos los dolores.

EL HOMBRE
¿Y dónde está ese árbol?

LA ENLUTADA
A la orilla misma del tajo que cae sobre el río.

EL HOMBRE
Podéis esperar al día. La noche es negra como boca de lobo. No se ve la palma de la mano.

LA ENLUTADA
Ha de ser esta noche. Vengo de muy lejos, no puedo detenerme mucho tiempo.

Ahora aúlla el perro casi en el umbral de la puerta.

LA MUJER
¡Ese perro! ¡Ese perro!

LA ENLUTADA
Es mío. No es de temer. Es así, aúlla a la noche cuando hay luna y cuando no la hay.

EL HOMBRE
¿Y de día?

LA ENLUTADA
A veces.

EL HOMBRE
Dicen que cuando los perros aúllan ocurre siempre una desgracia.

LA ENLUTADA
Eso es mentira. Lo sé muy bien.

EL HOMBRE
Cuando usted lo dice. Acérquese más al fuego.

LA ENLUTADA
No, gracias. Ahora ya tengo calor. He de continuar mi viaje. ¿Me puede indicar el camino que me lleve hacia el tajo? He de llegar antes de la media noche.

EL HOMBRE
Voy.

LA MUJER
¿Dónde vas?

EL HOMBRE
Ahí

Señala con la mano temblorosa un punto perdido en la negrura. Salen el hombre y la enlutada. Traspasado el umbral, la puerta se cierra violentamente produciendo un golpe seco y atronador. El candil se apaga como si un soplo a él dirigido hubiese helado su tenue lama.

LA MUJER
¡Aaayyyy!...

El can aúlla mientras cae el telón.

LUNA

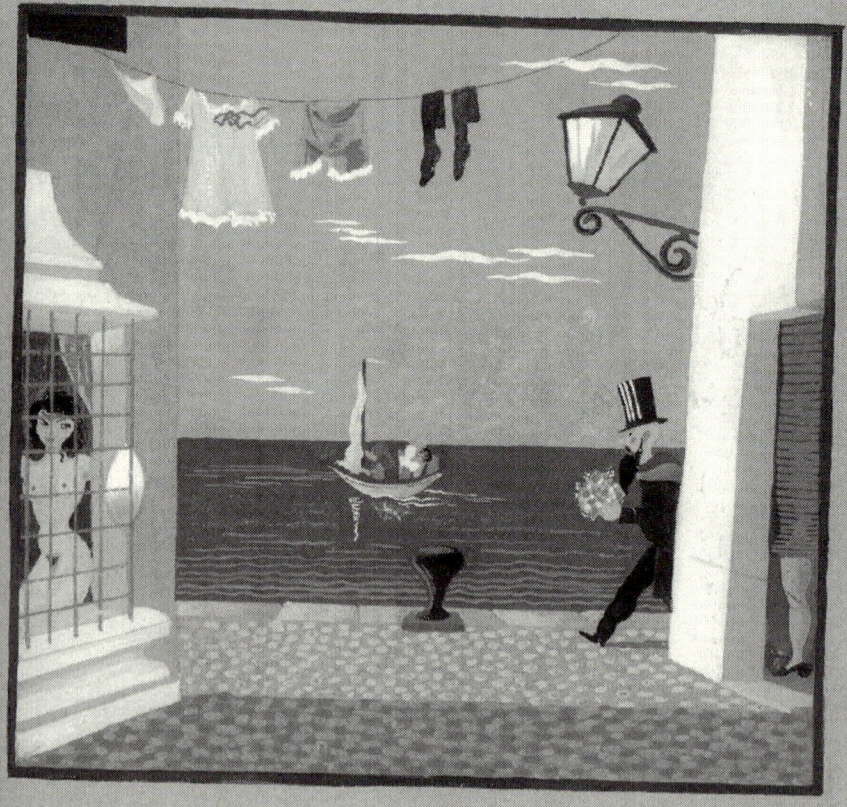

Luna 14
Admiraciones de segunda clase

MI capacidad admirativa sigue dos líneas paralelas que podríamos llamar de primera y de segunda clase. Por la de primera marchan en cabalgata majestuosa los genios trascendentales y a los cuales, al cruzarme con ellos, les saludo respetuoso quitándome el sombrero. Los veo pasar y son Cristo y Homero, y Rafael, y Leonardo, el Cid y Pizarro, Napoleón y Goethe —a quien no he leído—, Dostoievski y Cervantes, Calderón, Lope, Zurbarán, Berruguete y el Greco. Naturalmente, son muchos más que estos pocos escogidos así, al azar. Podría asombrar citando centenares de hombres geniales, pero como me expongo a meter en el cortejo a muchos que solo me son conocidos de nombre —como Goethe, que no sé por qué me es muy antipático—, lo dejo así, al desgaire, que siempre da buen tono.

Por la línea de segunda clase están los hombres que yo admiro y que su obra tiene menos trascendencia en la historia de la Humanidad, pero que lo que ellos hacen no lo hace cualquiera. A estos les saludo con un amistoso «¿Qué hay?». Quisiera tener un gran talento para reivindicarlos y hacerlos pasar a la de primera, pero Dios me ha dado un talento «así» y no lo puedo volver «así». Algún día, ese en que después de una gran sacudida haya un poco de barullo, se mezclaran entre sí y nos descubriremos ante todos por igual.

Verán ustedes: Yo tengo un amigo tan amante del sueño que sus padres se dijeron un buen día: «Vamos a dejarle a ver cuánto tiempo aguanta durmiendo». Así lo hicieron y estuvo cinco días con sus cinco noches durmiendo sin parar. Cuando los parientes, dudando de si vivía, le despertaron, sus primeras palabras fueron: «¡Qué me pasará que tengo un hambre terrible!». Hay que advertir que gozaba de una excelente salud.

En cierta exposición de pintura pude admirar un retrato (primoroso por cierto) de una mujer de tamaño natural puesta de pie con los brazos en jarra y vestida de un traje a cuadros blancos y negros de unos dos centímetros y medio cada uno. El traje se componía de un cuerpo ajustado al torso y de una gran falda con un enorme vuelo que le hacía graciosos pliegues. El estilo era justo de dibujo, de un realismo hiriente, como pintado por un holandés primitivo. Su autor era un ruso cuyo nombre no recuerdo pero que admiraré siempre. Eso de decir —y hacer— «Voy a pintar un cuadro que sea una mujer vestida con un traje a cuadros, todo muy perfecto, minucioso, cuadro por cuadro». Para mí es como realizar la bóveda plana de El Escorial.

Un aristócrata francés, prestidigitador amateur cogía una baraja, la barajaba, la echaba un vistazo rapidísimo y las cantaba sucesivamente sin equivocarse en una... y además no había trampa.

En Avilés conocía al «Difuntín». Era un señor acaudalado cuyo peso era de 180 kilos. El apodo le venía de que era propietario de la empresa de pompas fúnebres de la localidad. Se comía de entremés tres langostas y lo demás a tenor de esto. Necesitaba un coche Ford solo para él y dejándose flotar sobre las aguas de la ría podía llevar con la misma facilidad de un trasatlántico, un par de amigos, sin temor a un naufragio. Cuando vi aquel Gargantúa metido en su cama, mi admiración llegó al *summun*. Del ombligo al suelo medía aproximadamente dos metros.

Era muy corriente verle de madrugada por los cafés céntricos que permanecen abiertos hasta que la primera luz del día les hace bajar sus cierres. Un hombre fornido, con cara de ser vulgar y carente de interés, jugaba en una ocasión al ingenuo juego del *parchisse* con unos amigos en el Café de Castilla. Para quitarle ingenuidad se cruzaban gran cantidad de duros en la partida. Pero de pronto el cristal del tablero se partió en dos. La partida así era desagradable. El reloj marcaba exactamente las cuatro de la madrugada. Nuestro buen hombre cogió el tablero partido y salió sin dar explicaciones. Tres cuartos de hora después volvía con él en perfecto estado. Para conseguirlo había hecho lo siguiente: Encontrar una vidriería, preguntar al sereno donde vivía el dueño, subir a la casa, hacer levantar al buen vidriero y convencerle de que fuese a su tienda y le pusiese un cristal. Todo ello le había costado tres pesetas.

En otra ocasión, este hombre admirable conoció a un matrimonio americano. Se hablaba de las excelencias de la cocina española y, embalado en su entusiasmo, propuso ir a su misma casa donde les obsequiaría con una maravillosa paella. Aceptaron, y el matrimonio extranjero y tres amigos más se encaminaron a la calle de Menéndez Pelayo, que es donde estaba enclavada su casa. Una vez en la cocina se empezaron los preparativos, pero ¡oh fatalidad! en la casa no había nada verdaderamente sabroso con que hacer extraordinario el plato español: nuestro hombre no se arredra por poca cosa. No tenía ni dinero ni, naturalmente, establecimientos donde le hicieran crédito, puesto que eran las tres de la madrugada, pero él vivía a espaldas de la Casa de fieras. Salió del portal, cruzó la calle, escaló la tapia del Retiro y cayó exactamente dentro del recinto del parque zoológico. Una vez allí buscó el emplazamiento avícola y ni corto ni perezoso entró en uno de esos gallineros de tan pésimo gusto y agarrando por el cuello a la más venerable, como premiada, gallina Horpington (sic) la dejó sin respirar y estuvo de vuelta en su casa antes de que transcurriese un cuarto de hora. Estoy seguro de que si hubiese caído sobre la jaula del león no le hubiese pasada nada. Si el matrimonio americano descubre la procedencia del ave, contratan al anfitrión y se lo llevan para exhibirle a través del continente americano.

Conocí a un anarquista que sentía tal amor por la Enciclopedia Espasa que la estaba copiando a mano. Llevaba varios años e iba por la A.

Mi amigo Ignacio Espeleta es pobre de solemnidad, y tiene sesenta y siete años. Sumando los minutos dedicados al trabajo durante toda su vida no se llega a conseguir una hora de esfuerzo físico. Es un filósofo. Está convencido de que fuera de Cádiz, de donde él es, no se puede vivir y tiene razón. Espera tranquilamente la muerte satisfecho de no haber, durante su vida, «dao un golpe».

Fabián de Castro es un tipo famoso en el París de los pintores. De raza gitana, toca la guitarra y tiene una extraña cabeza entre Goya y la de un ladrón de burros en Andalucía. Fue mitad amigo, mitad sirviente de los grandes pintores españoles de su tiempo —Picasso entre ellos—. Un buen día el ceramista Durrio marchó a veranear al sur de Francia dejando su estudio al cuidado de Fabián. Este cogió una paleta, colores, unos pinceles y se arrancó pintando. Tenían cierto encanto sus lienzos. Eran una mezcla del «douanier» Rousseau y el Greco, pero no tan buenos. Desde aquella fecha es pintor. Una vez pintando en Toledo a la sombra de Theotocopuli le denunciaron como hereje y anarquista. Se le acusaba de pintar un cuadro representando una pareja de la guarda civil en el momento de esposar a un Cristo. Fue un escándalo que le costó ser encarcelado, pero durante el proceso se portó como un gitano legítimo. El juez le invitó a que explicase por qué había puesto a dos civiles atando a Cristo, a lo que él contesto que era todo lo contrario, que lo estaban desatando. Y salió absuelto.

Otros hombres dignos del mayor respeto y admiración son ese tipo de estúpido integral incapaz de hablar de nada con nadie y que sin embargo con su novia son capaces de reunirse con ella a las tres de la tarde y permanecer hasta las once de la noche hablando sin parar en voz baja y mirándose en los ojos como hipnotizados. ¿Qué se dirán? ¿De qué fuentes ocultas sacarán ese tema inagotable e hipnótico?

Yo me estoy quedando con las ganas de dar la vuelta al mundo, porque, claro, para ello es necesario esa cantidad de dinero de la que no he dispuesto nunca. Por esto ahí de mi admiración por los «globe trotter» que he socorrido en varias ocasiones y en diferentes lugares. Hay que tener mucha cara — como dicen en Madrid— para viajar cómodamente en los medios de locomoción más modernos y luego llegar a una gran ciudad, ponerse unos pantalones cortos y pasar una tarjeta a los plácidos clientes de los cafés concurridos diciendo que se viaja a pie y sin dinero. Lo último está dentro de las posibilidades del «globe-trotter», pero lo otro, lo de a pie, la verdad, me ha costado mucho trabajo creerlo. Toda mi admiración hacia el «globe-trotter».

Un amigo mío, verdadero *recordman* en conquistas amorosas, triunfaba con un método tan simple como infalible: preguntaba a «el enemigo»: «¿Tú lees a los rusos?». Ella solía contestar casi siempre que no. El insistía: «Entonces, ¿no conoces a Dostoievski?». Doble asombro en ella. El hacía el más desolador gesto de conmiseración, de desolada tristeza, y soltaba esa exclamación con el más puro patetismo: «¡Dios!». Luego se la quedaba mirando como deben de mirar las cumbres a los valles. Ella indefectiblemente se empequeñecía, se encogía, se humillaba ante él que era entonces como un dios de sabiduría... Y, claro, ante un ser así ¿qué iba a hacer? No le falló nunca.

Un músico al cual me une gran amistad compuso un solo para sonajero.

Y otro gran amigo no deshizo su cama durante los cuatro meses que vivió en un hotel montparnassiano. El dueño, intrigado, estableció un servicio de espionaje. Hizo un agujero en la puerta de la habitación y pudo observar que sacaba de un armario una hamaca, y enganchándola a la cerradura de este mueble y al tubo de la calefacción, se dormía con mayor comodidad que sobre un colchón «Numancia», que según pone en los tranvías es el mejor.

De Diego, el dibujante español con carta de vecindad en Chicago, tuvo unas palabras con un bizarro comandante. Se le presentaba a De Diego la ocasión de que le abriesen la cabeza de un sablazo, cosa que naturalmente no le agradaba. Pero el honor es el honor... Tuvo una idea genial. Sus condiciones eran las siguientes: abrir en el suelo un agujero de medio metro de profundidad por ochenta centímetros de ancho, allí habían de meterse el comandante y él, después agarrarían con la mano izquierda un pañuelo y con la derecha empuñarían una *star*. A la voz de «¡fuego!» dispararían a discreción hasta el agotamiento de los proyectiles. En el Casino Militar hubo un gran revuelo. El Código del Honor del Marqués de Cabriñana se desencuadernó impotente y, naturalmente, los jueces no se atrevieron a consentir el duelo. Reconocieron los militares que era un valiente —los militares son así— y no se batieron. Estoy seguro de que hasta el mismo bizarro comandante ofendido le admiraba. A mí me confesó que aquel procedimiento lo había leído en una novela de Buffalo Bill.

Así podría seguir llenando cuartillas, pero el espacio que se me reserva en LUNA es limitado y pasaría de ser admiración de primera clase a de segunda, y, la verdad, no me agrada. No es que me diviertan más los primeros que los segundos, ahora bien, el que me saluden quitándose el sombrero me encanta. Es un pequeño prejuicio burgués... ¡qué le vamos a hacer! Yo soy así. Parece ser que Kant pasó toda su vida preocupado por encontrar unas ligas que no le impidiesen la circulación de la sangre. Esto es otra bobada, pero Kant será siempre Kant. Estoy decidido a figurar en el gran cortejo, lo que es una noble aspiración. ¿Por qué no voy a tener derecho? Hoy en España son genios los pigmeos y estos se tutean con los habitantes de la Historia. Al fin y al cabo el querer situarse donde no le corresponde es uno de los derechos del hombre.

LUNA

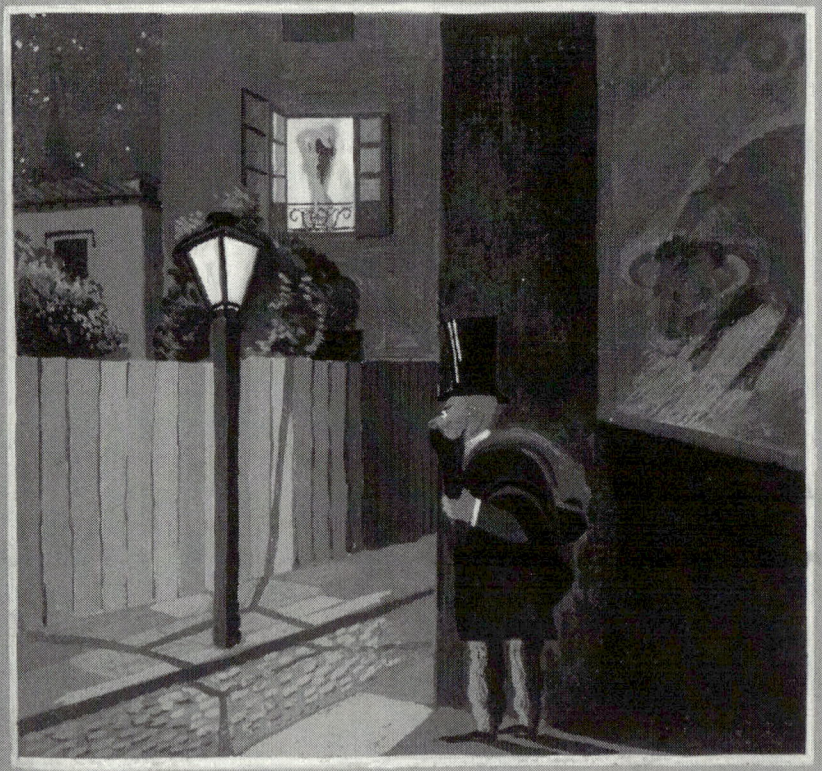

Luna 15
La montaña rusa del amor

¡CON cuántas cosas no se habrá comparado el amor! ¡Qué catarata de metáfora corre los blancos cauces de los libros hallando comparación con este misterioso regalo concedido al alma! Yo no quiero compararlo a un sol de primavera en mediodía llenándote de luz la oscura sangre. Ni a un tibio plumón de paloma prestando dulce calor al alma aterida. No. Yo voy a compararlo con algo más superficial, algo más creado para la ilusión y el engaño. Algo de más superficial principio pero que hallo justo en semejanza, con puntos exactos en que apoyar mi tesis.

Así yo diré que el amor es como una montaña rusa. A él se va con una ilusión estremecida, soñando una emoción que a veces defrauda otras rebasará lo imaginado. Idéntico proceso.

Comienza el rodar de la máquina con una suave marcha moderada, mas de improviso surge la caída casi en vertical y es la emoción del primer beso. Después en el brusco contraste de las subidas angustiosas culminando en una elevación serena y bienhechora. Después el rápido cambio de una curva que nos empuja la sangre hacia la tangente como una escapada hacia la nada. Y metros más allá una caída que detiene el pulso y llena la piel de puntos suspensivos. Es el grito —mezcla de espanto y goce—, el crispar de las manos y, a veces, el arrepentimiento. Por el camino de esta montaña rusa se va siempre a lo inesperado, ese inesperado irremediable, medido, que no puede fallar, y no por eso menos sorprendente. Y hay las zonas sin emoción ninguna donde la calma aún en su limitado espacio se hace insoportable. Después el túnel sombrío con fantasmas ingenuos y luces engañosas y otra vez la caída donde la sangre impelida hacia la tierra se detiene bruscamente. Y ya en su final el cuerpo habituado espera las sorpresas que dejan de serlo. Perdido el interés acude la fatiga, el hastío, la indiferencia. Cuando solamente faltan unos metros para el final de esta carrera, solo el deseo de terminar es con nosotros. Fugaz ilusión que dura cinco minutos y han sido como cinco siglos de sensaciones distintas.

¡Cinco minutos! En vano la imaginación ingeniera hubiese ideado endiabladas sorpresas, alucinantes curvas en el vacío que nosotros permaneceríamos impasibles ante ellas, meros espectadores, de vuelta ya del espanto industrializado. Recorrido el trayecto jamás subiremos a la misma montaña rusa, y, al volverla a ver, días más tarde nos parece absurdo el haberse entregado a su encanto.

Así es el amor esos cinco minutos hechos años, son el término irreparable en la loca carrera. Volveremos a caer en el encanto de otro nuevo amor y volveremos a sentir casi idénticos deleites, parejos vértigos, exhalaremos parecidos ayes, pero jamás volveremos a los mismos besos, a la misma palabra entrecortada. El amor a los cinco años es el último perfume de violetas fenecidas, uno más y los morados pétalos serán como las alas de una mariposa abrasada. Y si esta apariencia de amor se prolongara, siempre será debido al semejante y sentimental anhelo de guardar el recuerdo de lo que fue perfume.

Cojamos cuanto nos da de gloria la gran montaña rusa del amor. Cinco minutos. Cinco años. La carrera se acaba. Ya la gran caída vertical se alisa, la curva más cerrada se hace línea recta hacia el hastío. Gocemos del amor. Hagamos un tobogán de goce al limitado trayecto. Al final hay una puerta y sobre ella un gran ángel con espada flamígera que nos mira iracundos. Su dedo índice nos señala un punto donde se halla la otra gran montaña rusa del amor desconocido. Aquel de los tremendos contrastes... Aquel que aunque semejante, bajo otras estrellas, será nuevo y deslumbrador...

LUNA

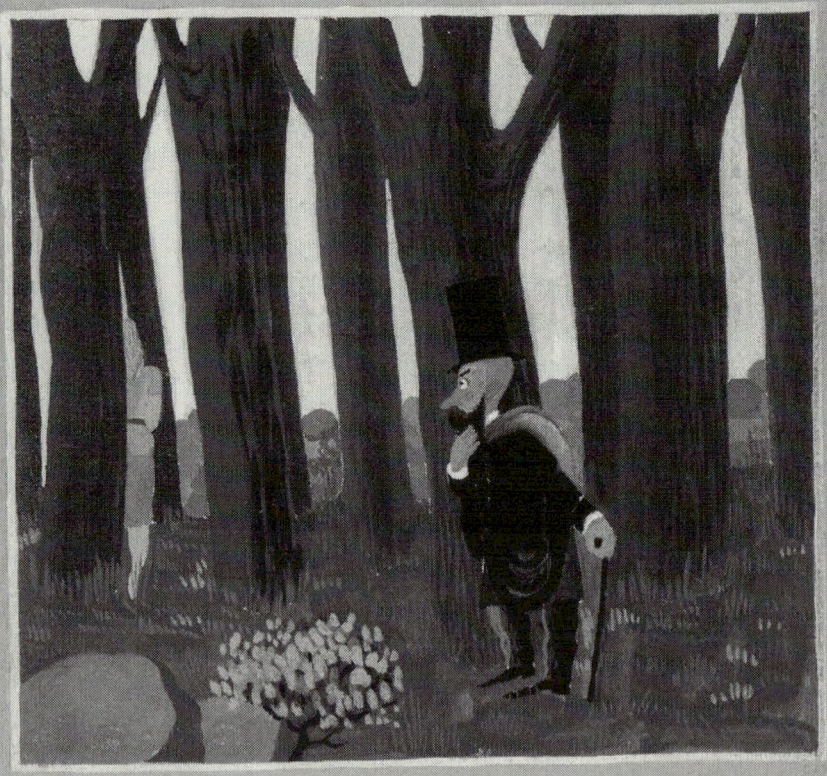

Luna 17
¡Si tú supieras!
(Sinopsis para un guion de película)

PICOTEABA el reloj el tiempo. En aquel recinto oscuro, un círculo formado por doce números luminosos con su luz tenue y verdosa, inquietante como un fuego fatuo, es como el ojo de un cíclope prisionero de estas tinieblas.

Casi al compás del minutero un corazón late próximo. La atmósfera está cargada de perfumes baratos, del olor a tabaco y a cuarto cerrado. De vez en cuando llega de la calle el sonido sordo y penetrante del claxon de los coches y el vocear de los periódicos de la tarde.

Un golpe seco como el del chocar de dos hierros diminutos y un instante después la estridencia del timbre del despertador. Una sombra oculta el círculo de luz que se diría submarina y cesa la alarma.

Una mano busca el conmutador eléctrico y se hace la luz. Es un cuarto vulgar de una casa equívoca, céntrica y desprestigiada por el vecindario.

Dorita ha cortado la advertencia del despertador semidormida. Vuelve sobre la almohada con los ojos cerrados y los brazos extendidos a lo ancho de la cama. Es rubia y bonita. Su cara, limpia de afeites, podría ser la de una novicia o la de una burguesita provinciana. Su carne es prieta y dorada su piel. La boca, grande, brillante y tersa. Abre los ojos indolente, unos ojos castaños con pequeños puntitos dorados, dibujado el contorno de los párpados con una precisión y una belleza que hubiesen podido servir de modelo a Rosetti. Vuelve a cerrarlos, perezosa, después de exhalar un profundo suspiro. La cama está en desorden. Doblada, a los pies, una colcha azul de falso damasco.

Dorita cruza sus manos bajo la nuca y queda en actitud ensoñadora. Sus pechos dormidos tiemblan estremecidos y se inclinan suavemente hacia lo cóncavo de las axilas depiladas. Junto a la izquierda y bajo la almohada se deja ver la cubierta de un libro. Es una de esas novelas por entregas que relatan amores inocentes a la par que turbias pasiones y pecados inconfesables. El dibujo que la decora es de una ingenuidad tierna y romántica, de tan mala factura que mueve a la risa y al perdón hacia el dibujante que tanto amor puso en ella. Representa dos amantes, rubia ella, rubio él, sentados en un banco de jardín. Florecen las rosas en una verdadera orgía primaveral. El galán tiene entre sus manos las de ella, blancas y afiladas, enrojecidas en sus extremidades con el mismo tono de bermellón rabioso de las mejillas, impotentes en la lucha con la perfecta tricromía. Lleva por título este rimbombante y enamorado: *Leonor y Arturo o el amor hasta la muerte*. En un ángulo, la marca de la editorial, de procedencia catalana.

En un movimiento, Dorita siente sobre la piel el frío del papel satinado y, como volviendo de una ausencia de sueño, abre el libro y lee interesada. Sigue la lectura con un ligero movimiento en los labios como quien deletrea para sí sílaba a sílaba. Cuando pasa las hojas, sus manos tiemblan emocionadas. Faltan contadas páginas para el fin. Sus ojos se van nublando de tristeza; unas lágrimas caen sobre el papel amarillento dejando unas manchas rugosas allí, entre la palabra «amor» repetida. Dobla la página final, solo quedan escasos renglones. Sus ojos velados por el húmedo «flux» están bordeados de llanto. Cuando llega a su fin, Dorita cierra el libro, rompe a llorar, ya sin cauce, apoyando su rostro sobre aquellas líneas que hubiese deseado infinitas. ¡Es triste el llanto de una mujer solitaria! ¿Lloraba las desgracias amorosas de la divina Leonor y el bello Arturo, o el dolor de no poder ya nunca alcanzar ese rosa dulcísimo del amor inmaterial y honesto?

***

Unos golpes secos sobre la puerta, y al otro lado una voz:

—¡Dora! ¡Dorita!... Vamos, que son las nueve...

Hipando de dolor, deposita amorosamente sobre la mesita próxima la novela. Abandona la cama con lentitud, se arropa en una bata azul con un blanco dragón bordado sobre la espalda. Calza unas babuchas con tacón Luis XV y pompón de pluma, comenzando su *toilette* rápidamente. Entreabre las persianas y dirige una mirada hacia la altura, su indumentaria ha de responder al tiempo. Son muchas horas en la calle. El cielo es de un azul casi negro y las estrellas, sobre él, brillan como cristales. El traje gris, dice para sí, y el sombrero negro.

Se sienta ante la pequeña mesa de tocador. Sobre ella frascos de esencias, pinturas, rimmel, una cajetilla de tabaco rubio empezada, una tenacilla eléctrica, cerillas, varias cartas, el periódico de la mañana, un frasco de jarabe para la tos, un tubo de Aspirina, horquillas, cajas de polvos, otra, con todas esas cosas que tienen siempre las mujeres: alfileres, botones, un collar de falsas perlas, agujas, pinzas, tijeras, un trozo de cinta de goma, diferentes piezas de bisutería barata que nunca han de usar y jamás se separan de ellas. Todo ese conjunto de cosas heterogéneas que forman un desorden a través del cual podemos, mejor que sobre nada, estudiar el alma de la dueña.

Ahora, Dorita, indolentemente, cubre su rostro con una blanca crema de fuerte olor a almendras. Una vez bien extendida, su cara adquiere una lividez que la quita candor y envejece. Exagera lo oblicuo de los ojos con un lápiz oscuro y exalta el dibujo de los ojos. El rimmel los torna provocativos, más brillantes, más grandes y lascivos. Con un carmín estridente cubre los labios dibujándolos con exageración que la convierte en una bellísima máscara, pero fría y como sin vida. Un dibujo de Rosp, una estampa galante para la pornografía de las calles tortuosas.

Vistiose su traje gris y salió a la calle en pleno bullicio. Faltaban unos minutos para las diez. Había de cenar antes de empezar su triste noche de mujer perdida. Entró en «La Cubana» —mitad taberna, mitad *restaurant* a lo francés—, repleta de gente, todos rondando al bajo fondo en que Dorita vivía. Encontró una mesa vacía que ocupó, sola, ensimismada, con el gusto amargo de la lectura aún en su boca. Frente a ella comían dos músicos de la orquesta del «Maipu» que la dirigían miradas significativas, chulescas. Uno de ellos, viendo la impasibilidad de la muchacha, arrojó disimuladamente una bolita de pan que fue a dar sobre su escote. Dirigió hacia ellos la mirada con tan profunda indiferencia que los dos disimularon con un ligero azoramiento. Un vendedor de periódicos recorrió el local, ofreciendo los últimos diarios de la tarde. Dorita compró uno y se puso a leer con interés. Pasó la vista sobre las páginas gritando por sus titulares y se detuvo en el suceso del día. Después la crónica del cine, más tarde, lo ecos de sociedad. En ellos se relataba la última boda aristocrática, el más brillante bautizo, la reseña de la más elegante recepción diplomática. Gustaba Dorita de entrar con la imaginación en ese mundo donde ella entreveía Leonores de candor y Arturos de hombría impecable.

Desde hacía dos días en que leía aquella admirada novela, vivía una vida interior copia exacta de lo leído, aquel mundo tan lejano del suyo envilecido.

Aumentaba a la historia escenas que ella hubiese deseado, prolongaba los momentos que más la enternecían. Ya no iba sola por la calle, la que recorría todos los días tan insistentemente no era la misma. Ahora era un jardín, más tarde un salón suntuoso. A su lado caminaba constantemente Arturo, llevándola amorosamente por el talle. Viajaba por el mundo, ingrávida, recorriendo distancias enormes, cambiando de ambiente, al solo conjuro de una palabra creada en su cerebro y que no llegaba a salir a sus labios. Se olvidaba de su vida presente, real y se dejaba ir indolente por los caminos del ensueño.

***

Esquina a esquina, con un paso en apariencia decidido y que, sin embargo, no va a ningún sitio, recorre el trayecto que le es tan conocido cruzando con los hombres miradas prometedoras —anuncio de un paraíso de voluptuosidades—.

Los hombres la desprecian unos, otros la dirigen requiebros soeces. El sereno la saluda amigablemente, se cruza en su camino con «la Manolo», «la Cañamón», «la Gaby», Germaine, Rosario y «la Charlot». La sonríe al pasar, con sus blancos dientes de hotentote, Trinidad la mulata. Ha pasado «el Divino» vigilando a sus amantes, las que sostienen sus brillantes, su tabaco rubio y vida de aspecto honorable. Todavía pulula gente burguesa por esta calle céntrica; dentro de dos horas se convertirán estas aceras en vestíbulo de burdel, lugar apestado al cual los padres dan rodeo para evitar ese espectáculo bochornoso a las hijas después de la salida del teatro. Los agentes todavía son exigentes. Imponen un comedimiento que más tarde puede cambiarse por la corriente del descoco.

Dorita sigue paseando con su firme pisar de trotona, pero Dorita va honestamente colgada del brazo del bello Arturo.

Ahora es el borde del mar, bajo un crepúsculo iluminado de nácares sobre la línea del horizonte. Va susurrando en su oído frases que un buen novelista despreciara por rebuscadas y vulgares, pero que a ella le sonaban a la más alta poesía.

Un hombre que marcha en dirección contraria la mira al pasar, vuelve la cabeza y, a continuación, sus pasos, dándola alcance. Median unas palabras y marchan hacia la habitación donde Leonor y Arturo dentro de su primavera litografiada escuchan el picotear del tiempo del reloj luminoso.

Está roto el ensueño.

Y así otra vez, y otra... ¿Cuántas veces? Cuantas más, mejor... Es el oficio. Las dos rayitas de luz submarina luciendo tenuemente sobre el negro profundo, han apuntado cuatro veces sobre los dos pintados amantes como riéndose de su candor. ¡Están acostumbrados a presenciar idilios tan diferentes...!

Las calles van quedando solitarias. Solo las prostitutas son ahora Dianas a la caza del hombre, removiéndose en el infierno de la carne. Son las de Jardines, Aduana, Reina, Barbieri, San Marcos y Plaza de Bilbao. Solo la de la Peligros es ahora un hervidero de lascivia. Hablan las busconas de acera a acera, chistan a los hombres, dialogan con los serenos, los guardias, los vendedores ambulantes, pasan los chulos atentos a su comercio, los estudiantes pobres lanzando miradas concupiscentes. En voz alta hablan con los chóferes del punto, «la Panoli», «la Cipaya» y «la Santanderina». Dos borrachos —señoritos juerguistas— se empeñan en trabar conversación con «la Gaby» y Mercedes, la que tiene la cicatriz de un navajazo en el pecho y unos ojos verdes y oblicuos como un felino.

Dorita está metida en este torbellino de groserías, de palabras obscenas, insultos y blasfemias... Y las prostitutas hablan, hablan, hablan sin cesar en esas conversaciones en que nadie ha podido penetrar jamás.

En una esquina, una vieja vocea persistente: «¡Tabaco, cerillas!». Un viejo ciego pasa golpeando el pavimento con un bastón blanco y a cada quince golpes grita con su voz cascada y somnolienta: «¡Lotería, mañana sale!».

Dorita está parada bajo la luz verdosa de un farol. Está cansada y se apoya contra las maderas de la portada de una bombonería sobre la cual hay un gracioso ramo de flores pintadas al óleo, limpiamente barnizado. Cerca de ella, busca «la Tacones», prometiendo a los hombres placeres extraños, perspectivas paradisíacas. A unos metros de ellas, más hacia la calle de Alcalá, dos mujeres disputan, se insultan, chillan hasta enronquecer.

—¡Ya están esas! ¡Moler, qué asco! —dice «la Tacones» hablando con Dorita—. Que se peguen de una vez y no amuelen.

—¿Quiénes son? —pregunta Dorita por decir algo.

—¿Quiénes van a ser? ¡«La Gaby» y «la Manolo»! Y todo ello por un chulo..., por un marica, para más señas.

Mas la pelea arrecia. Llegan hasta ellas las voces de las rameras. Grita «la Manolo» sus desplantes de madrileña castiza, «la Gaby», una mezcla de francés y español con todas las groserías de los dos idiomas.

—A mí no me achanta una franchuta, y ¡menos esa..., que es una guarra!

—¡La «guarra» lo serás tú, «vieux chameau», que tienes una «gueule» que mete miedo a los tíos!

—Yo les meteré miedo pero tú, sífilis, ¡asquerosa!

—¡Chulá!

—¡Y a mucha honra! Por eso no me quita un hombre una vaca como tú que tiene dos tetas como dos castoras.

—Siempre serán mejores que dos «poires pourries» como las tuyas.

—Pa ti las quisieras, ¡so bollera!

Por la acera de enfrente pasaba un grupo de señoritos que salían del cabaret con buena dosis de alcohol en el cuerpo.

—¡Ahí va la liebre! —grita uno a pleno pulmón.

—¡Tu madre! —le contesta «la Manolo».

—¡Zúmbala, que no se diga!, ¡acuérdate del 2 de mayo! ¡Duro con ella! —insiste el juerguista.

—¡Jupi! —grita otro de ellos.

—¡A tomar vientos, asquerosos! —les responde «la Manolo» volviendo a su pugilato verbal con la francesa. Se ríen ellos de tal forma que el sereno ha de llamarles la atención.

—No hagan ruido, por favor, que son las tres de la mañana.

—Hombre, tiene razón, que no dejamos que se oiga a esos dos ángeles —bromea el más ocurrente.

—¿Sabes lo que te digo? ¿Sabes? ¡Pues que te vayas a la mierda! —vociferaba «la Manolo» abanicando su mano a unos centímetros de la cara de la francesa.

—Et moi je t'enmerde! —respondió «la Gaby»

—¡A mí no me hablas tú en «chau-chau»! ¿Sabes? ¡Me hablas que te entienda! Y, por si las moscas, ¡yo en la tuya!

—Espece d'andouille —lanzó olímpicamente «la Gaby», marchándose despreciativa. Empezaba a sentir miedo de «la Manolo». Esta, al verse así despreciada, dando al acento madrileño su máxima expresión, la dijo despectiva:

—Y yo, pa que te enteres, ¡me c. en Francia!

Aquello, la francesa no lo podía aguantar. Había salido todo el espíritu chauvinista del francés. Fue como oír la Marsellesa en momentos de peligro para la patria. Se abalanzó a «la Manolo».

—¿Qué es lo que tienes tú que decir de la Francia?, «morpión», te voy a «casser la figure».

Con el bolsillo de cuero y metal, sin que «la Manolo» pudiese evitarlo, la dio un golpe en la cara que la hizo sangre. Los señoritos juerguistas aplaudían con entusiasmo. Aquello no era una calle, era un campo de batalla. Gritos, bofetadas, alaridos, los mayores insultos, las más procaces expresiones. Intervenían los serenos, los guardias, un agente de la secreta.

De pronto se abrió un balcón entresuelo y apareció un hombre en pijama, con gesto desesperado y gritando desaforadamente.

—¡¡Sereno!!

—¿Qué? —responde el vigilante.

—¡Esas putas, que no me dejan dormir!

Y cerrando el balcón, volvióse enfurecido hacia la cama.

Detuvo la policía a las dos contendientes y entre gritos, insultos y lágrimas, fueron a la comisaría.

«La Ojo de Plato» y Mercedes «la Loca», dos viejas busconas de larga experiencia en el oficio, dialogaban en voz baja, asqueadas del espectáculo.

—No saben ser putas... —decía «la Ojo de Plato», filosófica.

***

Dorita había escuchado toda aquella disputa sin moverse del sitio. De vez en cuando «la Tacones» hacía un comentario y ella contestaba, lejana y por monosílabos.

A medida que su vida se iba encenagando en aquel lodazal de ignominia, su alma más necesitaba evadirse, más anhelaba un apacible deslizar, un mundo claro.

Al apoyar su rubia cabeza sobre la pared, coincidía para servirla de fondo el pintado ramo de flores y era una estampa romántica y exquisita, como esos cuadros del XIX en los que la poesía supera siempre a la calidad pictórica.

—Voy pa allá abajo —dice «la Tacones».

—Hasta ahora —la despide Dorita, agradeciéndola el dejarla en su soledad, ¡soledad poblada de sueños! Su carne puesta en venta y hace tiempo dormida a causa de esa prostitución que la servía de anafrodisíaco, deseaba ahora unos brazos amantes, una voz deslizándola al oído palabras de ternura. Era la ilusión de aquel Arturo de su amor imaginado.

Se repetía con acento apasionado la palabra «Leonor», que ella ponía en los labios de su amoroso, creado en la región más pura de su alma. Y contestaba con emoción, que le hacía entrecerrar sus ojos dorados, el nombre tan amado: ¡Arturo, Arturo!

***

Como un rayo de sol que atraviesa la lluvia y crea un arco iris esplendoroso; como un fino cristal con agua pura para enfriar la sed en el estío; o como un perfume embriagador enamorando el aire que enajena, así avanzaba él sobre el gris reluciente de la calle. Rubio como ella le veía en sus sueños, alto, erguido, juvenil y apuesto; los ojos azules de dulce a la par que enérgico mirar. Era él, Arturo, una ilusión hecha realidad, como tangible, al alcance de sus manos, de su boca angustiada por el mundo creado por su imaginación.

Radiante, emocionada, como un místico ante la divina aparición, Dorita clava su mirada en el muchacho que se acerca. Cuando le tuvo a un metro de distancia, con una voz que ya no era de ella, sino de la Leonor que vivía en su bondad, en lo puro del corazón, le dijo, cantó, más bien: «¡Arturo!».

Se detuvo sorprendido el hombre y mostrando extrañeza se acercó a ella.

—¿Cómo sabes que me llamo Arturo?

Toda confusa, temblándole la voz, no sabía darle respuesta. Le miraba arrobada.

—Porque sé que te llamas Arturo... ¡Qué pelo más bonito tienes! Ven conmigo, no me dejes sola. ¡Si tú supieras!

Le hizo gracia a él, intrigándole la incoherencia que había en el habla, en la forma de conducirse. Además, era guapa de verdad.

—No voy a poder ir contigo. Me marcho mañana a mi pueblo, muy temprano. El tren sale a las nueve

—No importa. Yo te despertaré. Velaré tu sueño como una esclava si tú quieres... Pero no me abandones esta noche.

—¿Dónde vamos?

—A mi casa —le dijo colgándose de su brazo—. Pero mira, ¿por qué no nos sentamos aquí cerca, en un banco, a charlar un poco antes de...?

Le iba interesando. Era bonita y tenía un no sé qué nada vulgar.

—Vamos donde tú quieras... Las pocas horas que me quedan de estar en Madrid, son tuyas, tú dispones.

Jamás escuchó ella palabras más encantadoras que aquellas. Sintió un escalofrío de placer y se agarró con más fuerza al brazo fuerte, musculoso, de él.

—¿Tienes frío?

—No, soy muy feliz... Si tú supieras...

Siguieron andando, llegaban a la plaza de Bilbao. Se sentaron en un banco. Para Dorita, aquello no era el jardín raquítico preso entre aquellas casas que le circundan. Aquel jardín sin flores, con el césped levantado formando calvas sobre los macizos, hechas al pisar los chicos revoltosos, algún impaciente para ganar terreno, estaba ahora cubierto de fresca hierba. Florecían los rosales, se hacían sauces románticos todos los árboles, daban sus perfumes las violetas. El agua corría por el borde de las calles, eran arroyos transparentes, fuentes rumorosas. Seguía ella su ensueño, haciendo realidad la presencia de él. Allí, Dorita, ya en la pendiente del deseo, le dio el primer beso. Puso toda su ciencia y su pasión en él. Después le besó en los ojos, en las orejas, en el cuello, en esos lugres donde parece que los besos tienen más larga permanencia.

Él estaba turbado, un poco confuso, ¡era tan extraña aquella pasión en una mujer así, que no sabía cómo reaccionar! Quedó mirando el bolsillo de piel negra que estaba sobre el banco y viendo una gran inicial de metal blanco que servía de cierre, preguntó:

—Una D, ¿cómo te llamas? ¿Delfina? ¿Daniela?

—No —dijo ella—. Esta es una D, pero yo me llamo Leonor.

—¡Ah!, hermoso nombre de novela. ¡Leonor! —y le dio romántica entonación.

Ella se sintió llamada como era su ilusión y le contestó en idéntica forma, pero con toda sinceridad: «¡Arturo!, ¡Arturo!» —y rompió a llorar entre sus brazos, repitiendo como para sí:

—¡Si tú supieras...!

***

Una vez dentro del cuarto vulgar donde transcurrían las más vergonzosas horas de la vida de Dora, siguieron contándose cosas íntimas. Ella mentía a veces (¡era tan bajo todo!). Él, contaba cosas vulgares. Era estudiante, había terminado el quinto año de Medicina y marchaba a Zamora, su pueblo, a pasar el verano. Allí le esperaban sus padres y dos hermanas.

—¿Y una novia?

—No, no he tenido nunca novia.

Dorita resplandecía de gozo.

Se quisieron como en una primera noche después de un idilio prolongado. Jamás dos cuerpos fueron tan uno del otro. Pocas veces el amor fue tan vario, tan apasionado e intenso. Habíase quitado ella todos sus afeites; así, al natural, era más apetitosa al deseo noble, normal, del hombre honrado. Besaba él así, los labios de ella, ávidamente, como apagando una sed de siglos. Él era el caminante, ella la fuente clara. Ella, llama viva; él, carbón encendido. Si ella lloraba por algo inexplicable, él secaba esas lágrimas con las manos, la boca, las tiernas palabras.

El reloj seguía picoteando el tiempo. Los verdaderos Leonor y Arturo eran ahora como un espejo. La luz empezaba a filtrarse por las rendijas del balcón.

—Son las siete, he de marcharme.

Dorita se abrazaba con más fuerza a aquella felicidad que se le iba.

—Espera un momento, un minuto, un segundo... Faltan dos horas. Llegarás a tiempo.

Y apoyaba su mejilla ardorosa sobre el pecho de él que sentía resbalar el llanto como un cielo nublado sobre su corazón.

—Déjame, no llores. Cuando vuelva en septiembre, te buscaré. No llores, mujer, no es para tanto.

¡No es para tanto! Si él se diese cuenta de lo que aquella pobre mujer estaba viviendo... ¡Quién sabe..!, quizá no se hubiese marchado.

Pero las cosas tenían que suceder así, y llegó el momento. Ya estaba de pie, vestido. Llevaba en la piel el perfume, como una prolongación de aquellos momentos. No sabía por qué estaba triste, confuso. Una cosa le preocupaba; Dorita era una...

¡Qué pena! Lo vivido en aquella noche, para él tenía un precio, mas no se atrevía a pagar así, bruscamente, la dicha pasada. Discretamente sacó un billete del bolsillo y lo ocultó con disimulo bajo el libro amoroso de *Leonor y Arturo, o el amor hasta la muerte*. Ella se apercibió. La dolió como una quemadura en la carne.

—Adiós, Leonor, hasta pronto.

Saltó de la cama y desnuda, admirable en su belleza, se abrazó a él con todas sus fuerzas. El la besaba en el pelo dorado, ahora a la altura de su boca, mientras Dorita, cogiendo el dinero que él había dejado, lo guardó en el bolsillo de Arturo sin que éste se diese cuenta.

—¿Me buscarás cuando vuelvas?

—Viviré siempre aquí, entre estas cuatro paredes que ya solo son nuestras.... Me moriré esperándote.

—¡Adiós, Leonor!

—¡Adiós, Arturo!

Para acortar el dolor de la despedida, se separó rápidamente, abrió la puerta y salió. Dorita quedó llorando contra la madera; pegando el oído, fue oyendo el rítmico bajar de las escaleras.

¡Arturo!, ¡Arturo!, ¡Arturo!

Cada escalón era un sollozo y el nombre amado.

Una línea de luz se quebraba en el espejo. El reloj luminoso seguía picoteando el tiempo.

LUNA

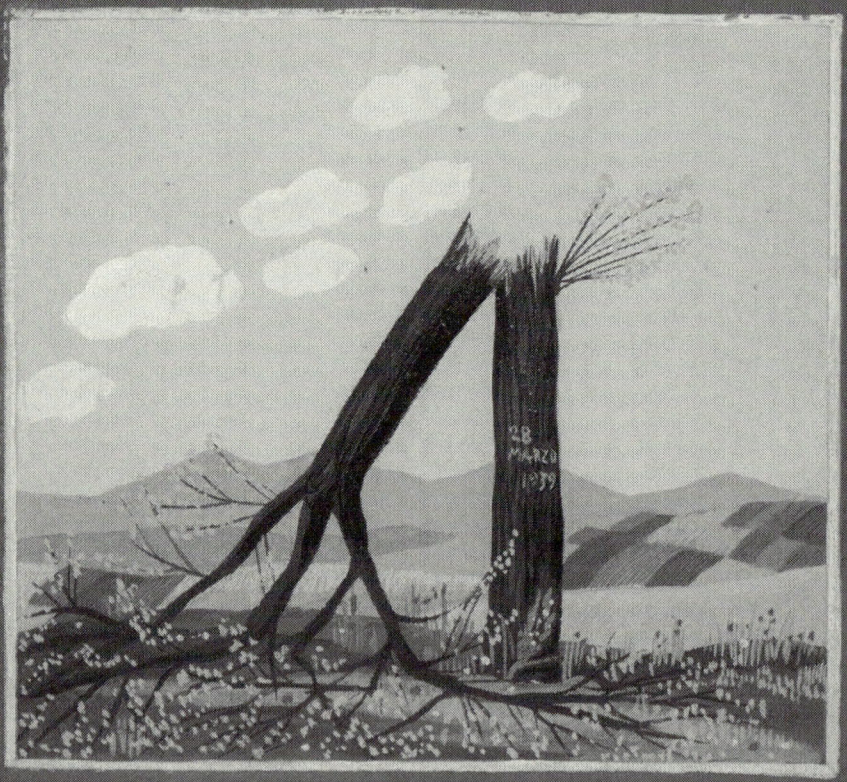

Luna 18
Semilla a la poesía

ES muy difícil juzgar la labor de los artistas leales a la República durante la guerra pasada. Habrá que esperar a que pase algún tiempo y que las emociones se sedimenten, se clasifiquen en la memoria de los artistas y den las emociones pasadas con el temblor de las almas ante un drama.

No se puede pedir a un pintor, un escultor, un músico, un novelista que durante la tragedia hagan ese aparte necesario para plasmar en una obra de arte lo que están viviendo. Solo la poesía, que es quizá el arte que más se debe a la inspiración, que es más breve y espontáneo en su creación, ha recogido el aliento angustiado de la guerra. La sensibilidad que se quedó en carne viva de la Poesía se hizo verso de luz por vía de los más grandes poetas —sin excepción— de nuestros tiempos. Y se ha dado el caso de que gran parte de ellos, generosos de valor y de sangre, crearan estrofas eternas mientras guardaban entre sus brazos el fusil, a la sombra achatada de los parapetos.

Difícilmente un novelista puede hacer lo mismo. La novela requiere una más vasta arquitectura, una continuidad y sucesión de hechos que pide reposo, análisis y hasta un largo trabajo manual.

Un novelista puede recoger datos, notas para la obra de mañana, y así creo que sucederá, que estará seguramente sucediendo. Pasado el frenesí, la exaltación, el alma en vilo, los escritores abrirán ante su memoria las cortinas del tiempo que ocultan el diorama de las emociones pasadas y amorosamente, con meditación ante la amplia perspectiva sabrán dar lo vivido con relación a su sensibilidad. Es por esto por lo que no se puede juzgar la labor del novelista durante la guerra. Tenemos como punto de referencia toda la literatura de guerra europea realizada años después de la tragedia.

Idénticos los pintores y escultores. No es posible realizar la gran obra plástica entre cañonazos y máxime cuando la gran mayoría defendía su ideal sobre los campos de batalla y algunos, como Barral y Pérez Mateo, daban su vida en ellos.

Tampoco creo que un gran compositor tenga la serenidad necesaria para organizar en su cerebro ese conjunto de armonía que constituye una gran sinfonía. Solo los himnos pueden sentirse y producirse en plena lucha. Entre nuestros músicos no han sido pocos los que han creado himnos de calidad e inmortales, los comparamos con los de nuestros enemigos. Un ejemplo admirable entre los músicos republicanos es el de Durán, que llega a mandar un Cuerpo de Ejército con la máxima admiración de nuestros mejores militares profesionales. ¿Cómo se le va a pedir a Durán la creación de una sinfonía mientras dirige sus sesenta mil hombres que cierran el paso bajo los naranjales de Levante a las fuerzas del fascismo?

Los dibujantes, por su parte, han cumplido su deber de forma admirable. En los primeros momentos del movimiento se pusieron casi en su totalidad a gritar con sus colores sobre los muros de la ciudad.

Y fueron las primeras consignas, la advertencia, la llamada a la lucha. Los jóvenes fueron voluntarios unos al frente, los otros fueron poco después llamados con sus quintas, y surge otra vez el igual a los pintores. Cuando un dibujante sale de la impresión captada en dos trazos, en el apunte, necesita igualmente un cierto sosiego.

Concretamente la guerra no ha dado, fuera de la Poesía, nada de verdadero interés, pero es la semilla que ha de florecer en un esplendor de emoción, que hará, a través de los siglos, sentir el drama hondo, doloroso e injusto por el que hemos pasado.

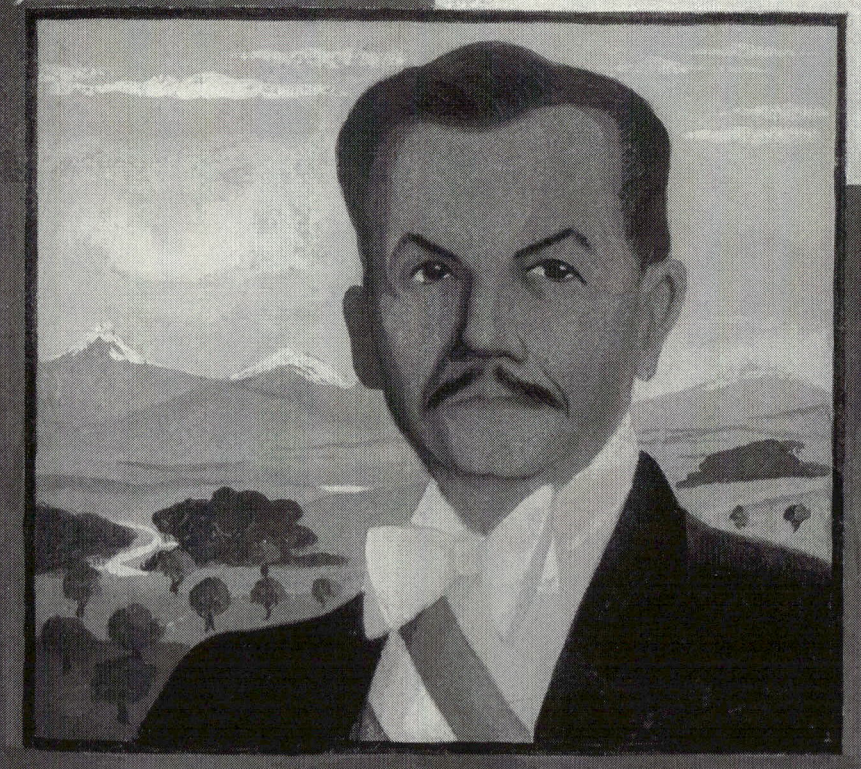

LUNA

Luna 19
Un español en Chile. Vicente Salas Viú

QUIERO apuntar en las páginas de LUNA el nombre de un español de calidad al cual desde aquí me atrevo a colocar a la cabeza de los nuevos noctámbulos que nos esperan en las orillas de la tierra chilena: Vicente Salas Viú.

Donde esté Vicente Salas Viú habrá siempre un español de primera clase, una sensibilidad exquisita y un hombre de bien sobre todas las cosas. De su conducta en Chile nos llegan noticias que hacen efectiva la idea que de él tenemos.

Yo conozco bien a Vicente y por lo tanto nada me ha extrañado su comportamiento moral y espiritual. Sabía que permaneciendo con elegancia fuera de la politiquería, que puede hacernos odiosos al país que nos protege, sería una constante muestra de lo que es y debe de ser un intelectual español expatriado en tan duro trance. Su conducta es la precisa para levantar en alto con orgullo la bandera que nos han pisoteado pero que día no lejano habrá de erguirse más altanera cuanto más pisoteada, como esos gloriosos estandartes que muestran con orgullo sus sedas desgarradas por el viento y el fuego de las grandes batallas. Salas Viú será siempre un republicano español orgullo de la España trabajadora, ilustre de cultura civilizadora de pueblos con el amor y el cerebro por encima de las espadas.

He vivido con Salas Viú un año de guerra. En la Alianza de Intelectuales de Madrid se hizo querer de todos por su bondad, su inteligencia, su fina cultura, su sensibilidad de cristal trabajado. Entonces era el «sargento Dositeo» —como le llamaba Alberti, no sé por qué—, figuraba en la División de su entrañable y heroico amigo Gustavo Durán, músico como él. Dirigía el periódico de la División, modelo de gracia y perfección.

Antes, en su vida civil, había dirigido el diario republicano El Sol, de gran estirpe periodística y que en sus manos, en los primeros meses de la guerra, conservó su calidad de gran diario.

¡Cuántas noches allí, en aquel saloncito íntimo del primer piso de la Alianza, hemos pasado las horas cantando canciones populares que él acompañara en un piano magnífico que permaneció años y años mudo cuando unos aristócratas ignorantes eran sus dueños! Allí Durán, en las contadas noches que le dejaron libre las batallas, pasaba largas horas interpretando a Brahms —músico de su predilección por aquellos momentos— y al alba marchaba con su aire juvenil al puesto de mando. Y Germán Bleiberg—hoy preso en cárcel de Franco— nos deleitaba de manera maestra con obras de Beethoven y Chopin... ¡Qué triste es todo esto ahora cuando las distancias fingen la muerte en uno y otros sufren cruelmente en su carne cautiva y en la presencia de tantos dolores idénticos!

Más tarde el corte por tierras de Levante que dividió en dos la España Republicana nos alejó de Vicente Salas Viú. En Barcelona fue director del periódico Trincheras... Después, la triste rendición de Barcelona y el dolor y la angustia nuestra pensando en él y en tantos otros amigos entrañables. Felizmente llegaron noticias: Vicente Salas estaba en compañía de Daniela —digna mujer de tan estupendo camarada— en París. Y al poco tiempo la nueva de su llegada a Chile.

Feliz Vicente que llega a tal país y feliz país que recibe a un hombre como Vicente Salas Viú.

Su labor ya la sabemos por la prensa chilena: de una conferencia sobre música nace una serie de ellas sobre el mismo tema y tiene la honra de ver abiertas a su inteligencia las puertas del paraninfo de la Universidad de Santiago.

El hombre, sus ideas y su inteligencia, por donde él vaya será la voz de España cantando; la cultura de España extendiéndose sobre el suelo y la inteligencia de América. Aquellos que le conozcan se pondrán del lado de nuestra causa pues nada refleja mejor una idea que los nombres que la defienden.

Así quisiera yo que esa conducta siguieran todos los republicanos españoles forzosamente expatriados. Dejar las políticas de los países a los ciudadanos de los mismos, pues solo a ellos les incumbe, y extender ordenadamente el saber que pudo darnos nuestra patria tan venerada por los pueblos que rara vez fueron por ella comprendidos. Es decir, por los que a ella gobernaban que eran los mismos contra los que nosotros nos lanzamos en armas para evitar que aquella ola de incomprensión continuase.

Y así quisiéramos nosotros, los Noctámbulos, al igual tuyo, hacer patria con nuestro esfuerzo y conocimiento. A un lado la política, el tópico, el lugar común. Si pretendemos hacer un periódico que sea el mejor; si una editorial, la más ecuánime; si una revista, la más exquisita; si teatro, el más perfecto. Demostrar que los elementos que hubimos de salir de nuestra tierra somos la verdadera España, la que merece la pena de volver los ojos y el corazón hacia ella. Llevar un sello insuperable que estampemos en todo cuanto hagamos. Y así haremos política, pero política nuestra; política que lleve el amor del mundo hacia esta pobre Patria hoy, caída en la mediocridad y en la ignorancia.

Sigue Vicente tu labor magnífica... y hasta pronto, que estos brazos fraternos puedan abrazarte.

LUNA

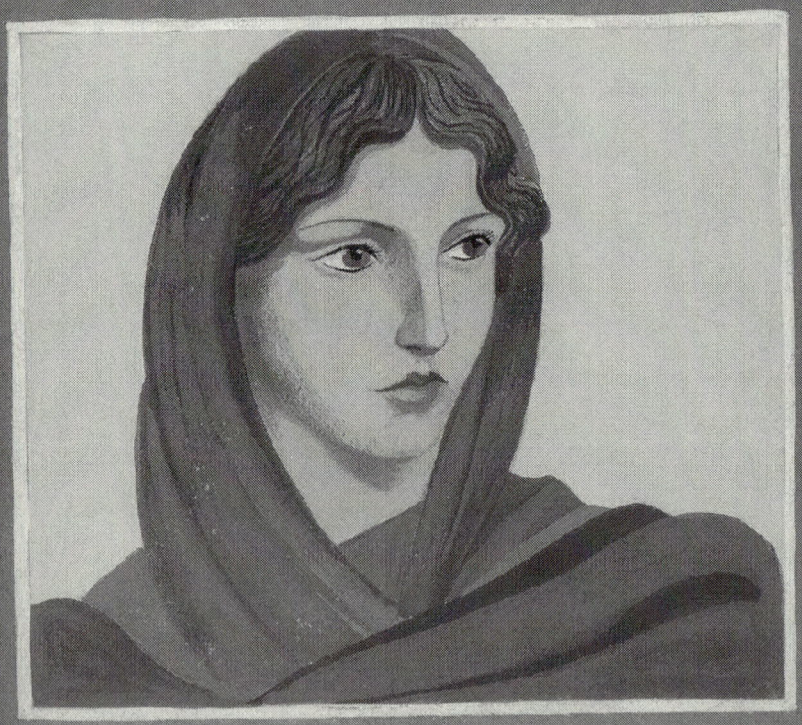

Luna 21
Conocimiento y despedida de Alfonso XIII

CUANDO vi por vez primera al ex rey de España, yo vestía un bonito traje de marinero y mi [padre] me llevaba cogido de la mano a pasear por el muelle de Santander, teniendo que ir en plena carrera si quería seguir el paso lento de él.

Un buen domingo, ya hace muchos años, estaba yo ataviado con mis prendas más elegantes esperando los últimos toques en la «toilette» de mi padre que había de llevarme a presenciar el paso del ex rey que llegaba de Madrid a su veraneo. Santander era una ciudad jubilosa dispuesta a recibir de la manera más entusiasta a su soberano. Llevábamos un buen rato esperando el cortejo y debo de confesar que yo estaba ya un poco harto de admirar las corvas de los espectadores que formaban la primera fila. De pronto se oyó un rumor sordo y admirativo: los reyes se acercaban. Cuando pasaron por delante de nosotros, mi padre, con su fervor monárquico, se olvidó de mí. Aplaudía entusiasmado y lanzó un estentóreo «¡viva el Rey!», con lo cual creció enormemente ante mis ojos por su audacia / potente voz. Yo, entre las piernas tembleantes del espectador que me tocó en suerte tener delante, pude ver la prominencia de una mandíbula y un hermoso bigote bipartito. A su lado, una cosa parecida al as de oros, pero bastante bonita, iba la Reina, inflada como una gallina «Horpinton».

A partir de aquel día le veía con frecuencia bien en la playa o pasando velozmente en su automóvil por las calles de Santander.

La real familia se bañaba en una zona acotada de la playa del Sardinero, separada del vulgo por una débil cuerda, tras la que la pequeña burguesía montañesa se extasiaba viendo a cincuenta metros cómo su soberano se bañaba, ni más ni menos que como un castellano del interior en temporada de baños.

Cierto día el Rey bañaba a sus niños. Estaba en traje de calle y desde la orilla les invitaba a chapuzarse. Entusiasmado con el juego

—también los reyes son sensibles a los goces sencillos—, una ola le alcanzó. Se encontraba con el agua muy cerca de las rodillas y en vista de esto decidió seguir bañándose, ya sin preocupación y como si se hallase con el más perfecto «Jantzen». La muchedumbre enloqueció de admiración y entusiasmo: ¡Qué simpático! ¡Qué campechano!... Corrió la noticia como la llama en un reguero de pólvora hasta los rincones más apartados de la ciudad. «¡Qué encantador!» «Además se ha estropeado un traje, así, solo por una broma.» «Es el diablo.» «Qué padrazo.»

Creo que este acto fue el único de alguna importancia llevado a cabo por él durante el veraneo. Yo más de una vez he estropeado un traje por un quítame allá esas pajas, y nunca se me ha admirado tanto, y ello tenía mucho más mérito puesto que mi vestuario, tengo la impresión, era más reducido que el de él.

Era yo muy niño, como he dicho, y pensé: «¡Verdaderamente qué facilidades se les dan a los reyes!». Perdonad, siempre he sido un tanto precoz.

Cosas así pensaba de pequeño, al crecer las he pensado más amargas.

La fuerza de la costumbre me hacía ser monárquico como a casi la totalidad de los españoles, excluyendo a Lezama y unos pocos más, habitantes de esta península que se entusiasmaba con estas cosas porque en realidad tenía muy pocas de que entusiasmarse. Toda esa zona de estupidez que va desde el día de su nacimiento hasta los diecisiete años de los hombres, la viví siendo monárquico, y encontrando a los reyes muy guapos y elegantes, y a las infantitas ¡muy simpáticas! Después, cuando esa niebla de ignorancia se la lleva la vida, empecé a darme cuenta de que era una pobre familia mal avenida y con niños canijos que más que dar brillo y esplendor a España, lo que hacía era cubrirla de moho y ramplonería. A los diecisiete años ya el rey no me parecía hermoso. A los dieciocho la reina me parecía menos guapa y a los diecinueve la familia entera me daba náuseas. Este es el proceso de mi republicanismo.

Lejos de España fui aprendiendo a ver claro la marcha hacia la caída inevitable. Después vinieron los momentos bochornosos de la cruel actuación de Arlegui y Martínez Anido en Cataluña. De la infamia que representaba para el pueblo español lo que estaba sucediendo en Marruecos, y, por fin, como digno colofón, la Dictadura. Viví intensamente, junto a hombres ilustres exiliados, toda aquella época. El maestro Unamuno levaba la voz cantante de la reunión, en la cual solo me atrevía a hablar cuando me preguntaban —en aquella época los jóvenes todavía teníamos pudor— y contestaba con voz temblorosa. Allí se puede decir que estaba el Estado Mayor del ejército de protestantes esparcidos por el mundo.

Llegué a Madrid cuando el barco empezaba a resquebrajarse. Hice un servicio militar bastante pintoresco, y de aquella etapa solo salí ganando en uno cosa: la amistad con Pablo de la Fuente, a quien conocía siendo igualmente soldado y con quien hoy me encuentro después de tantos azares, viviendo juntos en este refugio.

Desde aquellos momentos hasta la caída de la monarquía fue un constante correr ante los guardias, de esquivar sus sablazos, de discutir en los cafés, de vociferar por las calles de Madrid, contra todo aquello que no fuese lo que convenía a la República que tan pronto pudimos disfrutar.

Llegó el 12 de abril y hubimos de prepararnos para las elecciones. La mañana de aquel domingo radiante la pasé con un amigo y su mujer paseando por las calles de Madrid. Llevábamos en el coche un manifiesto de los tranviarios que tapaba el radiador, y en los cristales hojas de votación de candidaturas republicanas. Fue un día de júbilo para España, pues se sentía el triunfo inminente. Recuerdo que en la plaza de Canalejas nos encontramos a Eugenio Montes y otro amigo, que se subieron en el *speeder* del coche. Locos de entusiasmo salimos de la plaza dando estentóreos gritos de «¡Muera el rey!» y «¡Viva la República!» que la gente contestaba entre grandes aplausos. Cada vez que pasábamos por la Puerta del Sol, que fueron muchas, el público, al ver un coche con viajeros de aspecto de «señoritos» haciendo propaganda republicana, nos aplaudía delirante, lo cual ocasionaba indefectiblemente una carga de la policía montada. Fuimos en compañía de Montes —hoy cerebro máximo de las letras imperiales— la causa de numerosas cargas. Claro está que él ya estaba acostumbrado a estas cosas, pues no hay que olvidar que, en compañía de Alberti, entró en el Real Cinema la noche de la caída de Primo de Rivera, al grito de «¡Muera el rey!», y momentos después contribuyó activamente a la quema del quiosco de *El Debate*. También hay que reconocer que en las elecciones para las Constituyentes se presentó diputado por el partido Radical-Socialista. Cuando ya se vio claro el triunfo de las izquierdas, rendidos de tanto grito y tanta emoción, fuimos a descansar bajo las frondosas encinas de El Pardo. Subiendo por la empinada cuesta que va del Real Sitio a la Ermita del Cristo, estuvimos a punto de chocar con un coche idéntico al que nos llevaba teniendo los dos que dar un frenazo violento. El conductor del coche contrario era Alfonso XIII. Iba vestido de paisano con su eterno cigarrillo colgando de su belfo prominente, y por sola compañía un chófer uniformado con aquellos galones característicos de la Real Casa. No pudimos contener los cinco un asombrado «¡El Rey!...». Él, creo que nos oyó, pero pasó indiferente, sin hacer caso, con aire displicente, y, por qué no decirlo, como bastante ajeno a lo que se estaba gestando. Como salía del camino privado que venía del real patrimonio y el Príncipe de Asturias pasó allí sus últimos días de España, nos dijimos: «Viene de despedirse de su hijo». Después pasamos el resto de la tarde haciendo conjeturas. Ya veis de qué forma vi por primera y última vez al rey de España.

La primera entre unas piernas tembleantes de entusiasmo. La segunda con el corazón latiendo de emoción. Aquella, a través de la ceguera de la infancia. Esta, con la claridad del hombre que veía un horizonte espléndido para su país.

Siendo niño aun, él conservaba cierto prestigio. Su mujer era como un as de oros, pero hay que reconocer que esta es la carta más preciada de la baraja. Teniendo yo veintinueve años, los dos eran ya el desprestigio, y el pueblo los vio marcharse sin melancolía, y, lo que es casi tan humillante, sin odio. Le daba igual. Su reinado fue oscuro, mezquino, y siendo cruel no supo ni darle la belleza de su crueldad. Enrique Vil puede quedar en la Historia como algo tenebroso si se quiere, pero importante. Alfonso XIII es un César Borgia que solo llega a provocar el vómito.

LUNA

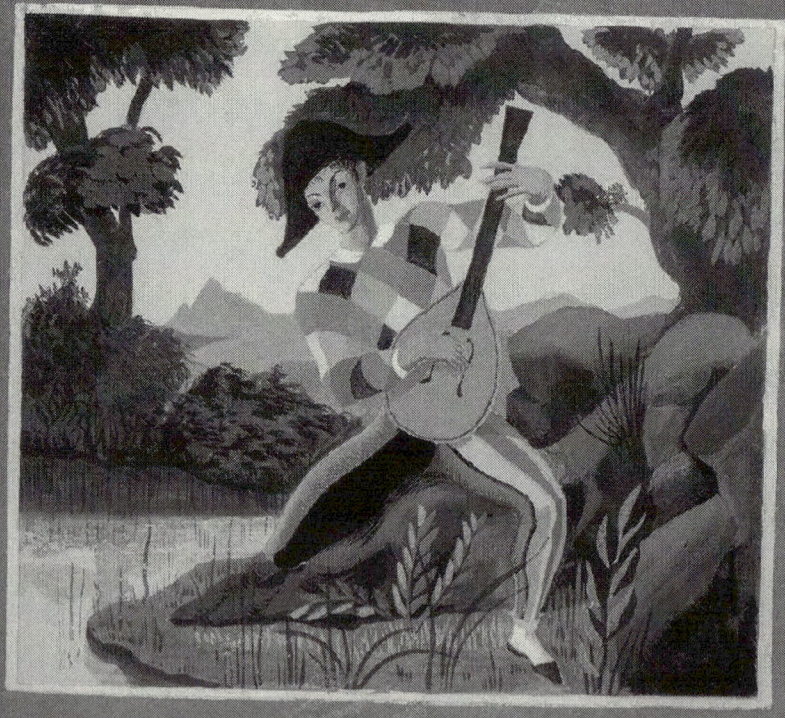

Luna 22
Notas de lectura. La vida inmóvil

LA VIDA INMÓVIL, por Joaquín Calvo Sotelo.—Se habla mucho de la literatura de Embajada. Han escrito sendos libros Sánchez Mazas, Alfaro, Ros, Calvo Sotelo, Huidobro, este último arquitecto malo y sospechamos que de escritor debe andar bastante flojo. Después hay unos cuantos más que han hecho su librito, pero creo que no merece la pena de ocuparse de ellos. De los dos primeros, solo conocemos los capítulos iniciales de sus respectivas novelas publicados en la revista Semana. La de Alfaro es francamente mala, ¡para qué nos vamos a engañar! La de Sánchez Mazas no se puede juzgar por ese solo capítulo. Indiscutiblemente está bien escrito, y en eso se diferencia del de Alfaro. Es lo menos que se le puede pedir a quien no le escatimamos lo que en él hay de inteligencia. Solo un libro nos ha llegado íntegro y bastante bien impreso: el de Joaquín Calvo Sotelo, titulado *La vida inmóvil*.

He de confesar que el libro llegó a este refugio rodeado de curiosidad. Lo esperábamos con impaciencia. Algunos hemos sido amigos del autor allá por los años anteriores al cataclismo, y yo, concretamente, fui de los primeros en conocer su obra teatral, le di alientos, le presenté amigos que por mi condición de nombre «rondando el teatro» me conocían y podían servirle en sus ambiciones de estrenar. Francamente, yo tenía fe en una obra limpia, pulcra que él parecía dispuesto a dar. Le faltaba vivir un poco, salir de ese señoritismo de la familia Calvo Sotelo y quizá pasar por el sufrimiento, fuente imprescindible para toda obra literaria de altura. Pero, al llegar a mis manos este libro creado durante o después del drama vivido y espero que por él con una intensidad sin límites, veo mi gozo en un pozo. Nada ha aportado a la calidad literaria de Calvo Sotelo el dolor pasado.

Quizá el prólogo extenso y ambicioso seo lo mejor del libro. En él parece en sus comienzos que va a decir algo sobre la auténtica vida inmóvil que tan bien conocemos, pero aparte de ciertos pequeños matices bien observados, luego se pierde en una serie de frivolidades y en un canto a Chile, justo de agradecimiento más liviano y falto de profundidad en el juicio. Todo este prólogo adolece de algo que él maneja perfectamente: la cursilería. La dedicatoria sentimentaloide a una niña que, etc., etc., es de lo más trasnochado y de tercer orden literario, muy propio de la blandura galaica. También se dedica a hacer un canto patético comentando la salida de los cuadros del Museo del Prado como si él gustase y amase más esos cuadros que yo por ejemplo. Este lamento, con sus correspondientes tópicos anti-rusos, me recuerda un poco a sus interpretaciones de las óperas ligeras que él amaba tanto cantar con hermosa aunque engolada voz de tenor cuando viajábamos por las carreteras de Dios.

Mas dejemos este prólogo que carece de materia para el comentario y vayamos a la comedia que titula *La vida inmóvil*.

Alguien que se caracteriza por la frase aguda, ecuánime y certera nos dijo al preguntarle su opinión sobre el libro: «Demasiado inmóvil». Es perfecto. La obra carece de movilidad y solo dos momentos tienen efecto teatral y no de gran categoría: cuando el chico artillero se va por una ventana iluminada por la luz de un farol —faroles que no existían en Madrid desde el mes de septiembre del 36— y cuando la muchacha enamorada rompe el pasaporte. Bien poco, ¿verdad? Pues nada más. Los personajes son tan sin personalidad, tan sin nervio que sinceramente creemos no le fuesen muy necesarios a Franco. También nos resistimos a creer que entre seiscientos que eran los que habitaban la Embajada, forzosamente debiera haber alguno con más personalidad que los presentados. Ni un solo momento surge el interés... No lo tiene para nosotros que reconocemos la caja de lentejas, la terraza, el jardín, las ventanas, el pasillo, los colchones, ¿cómo lo va a tener para nadie? La pasión es de una ñoñez, de un provincianismo que sonroja. Ver a ese doctor español que rechaza a la mujer que le enamora por un principio de moral de sacristía, produce risa. Se nota la insinceridad del autor. Ahí mismo, por halagar a un público de beatas, se traiciona a sí mismo, pues conocida por toda Madrid —y muy bien por mí— su vida amorosa, la trampa salta a los ojos. Después hay cosas pintorescas. Solo uno de los refugiados es el que quiere dar la sensación Calvo Sotelo de que es un madero con ojos... y, qué casualidad, es un desgraciado empleado de Pompas Fúnebres, es decir: un pobre de esos que llevan alpargatas, indigno de huir de la «furia marxista».

Don Javier es un buen señor con más tópicos que años y que ni da pena de que se quede viviendo solo en el viejo caserón de la calle del Prado.

Hay una insoportable lección de inglés y un final de acto rezando un padrenuestro. Da dolor pensar que un hombre joven, con pretensiones de renovador recurra a este recurso prodigado en el teatro español con una profusión aterradora. Igualmente, al pretender dar la sensación del drama que supone ver en escena perder la vista a un joven, fracasa totalmente.

¿En qué queda la comedia? En poca cosa. Intercala una dosis de humor a base de la casa de Molinero y de ciertos monumentos madrileños. El hacer gracia a costa de la fealdad de este edificio y de las cuadrigas del Banco de Bilbao y del monumento a Cervantes, no hay un solo «niño» de clase media que no haya hecho ya idénticas apreciaciones hacia ellos. No, Calvo Sotelo, no. No nos puedes hacer creer que no te gustan esas cosas... Tú que estás en este ambiente imperial como pez en el agua, soportando esos guateques, fiestas y reuniones propias de «las de Pérez», tienes que ser Feliz. En este mundo donde se da una recepción en la Casa de Socorro del distrito del Hospicio con un ilustre humorista de teniente de alcalde honorario y que tiene la avilantez de retratarse dando un donativo a un desgraciado como demostrando que saben hacer pobres para luego poderlos socorrer, si socorrer se puede llamar a eso, tú estás a maravilla. No gastes bromas con los malos monumentos, que sois vosotros los que los habéis puesto y vosotros sois los que habéis resucitado a esos llamados artistas que ya habían desaparecido borrados por el prestigio de la República.

En definitiva, una desilusión aunque parezca mentira, porque nosotros, pese a todas las ideas, cuando un señor dice algo bello e interesante lo entendemos y lo saboreamos.

La vida inmóvil ha inmovilizado definitivamente un cerebro en el que algunos habíamos creído.

LUNA

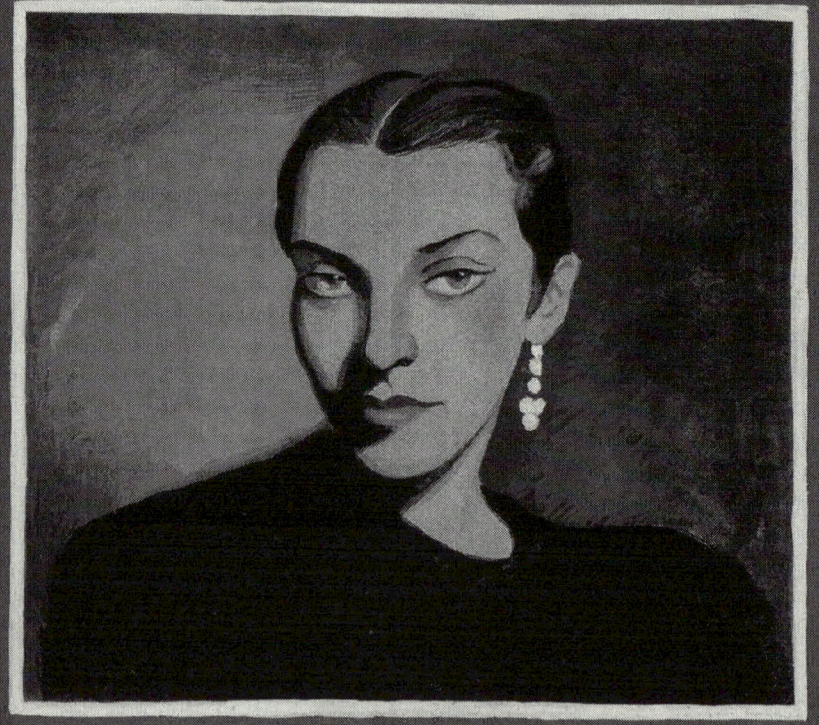

Luna 24
Recuerdos estúpidos

EL tiempo va dejando tras de nosotros una estela de recuerdos que al llegar a un punto se torna en melancolía y nostalgia que da encanto a las cosas más simples y a veces a las que caen dentro del reino de la estupidez. Esto da lugar a que volviendo los ojos al pasado lo hallemos como dentro de una zona donde la evocación se hace dulce, apacible, y nos vuelve de nuevo a un mundo que el regreso presta cierto encanto. Surgen miles de motivos que si se recuerdan en la segunda decena de la vida pueden sonrojar, mas rememorados casi al final de la cuarta toman perspectivas hacia el ridículo, pero hacia un ridículo que por ser eterno se nos torna encantador.

Aquí están en mi recuerdo aquellas señoras gordas inefables que visitaban mi casa y sentándose en torno a una mesa isabelina sobre sillería del mismo estilo con tapicería de terciopelo granate. Lo que de niño se oía al ser recordado ahora nos parece de otro mundo. Eran aquellas conversaciones en las que cuando se hablaba de un futuro nacimiento en familia amiga, nos decían: «Niños, iros. Anda, id a jugar al cuarto de los juguetes». Y nosotros nos íbamos mansamente, con nuestras limitadas e ingenuas imaginaciones pensando en ese secreto tenebroso de que se hablaba en la sala.

Recuerdo que un día teniendo una de mis hermanas once años, la cual no ha sobresalido por su gracia gitana, mi madre la obligó a bailar las sevillanas ante un grupo de amigas. La infeliz criatura tardó una hora en decidirse. Mi madre lo hizo cuestión de amor propio. «Pero si lo hace muy bien... ¡Vamos, niña, a bailar!». Rompió a llorar la desdichada y mi madre, ya enfadada, la obligó, imperativa. Y la criatura, no pudiendo desobedecer, salió bailando sirviendo de ritmo su copioso llanto, entrecortado por la conocida letra y música de sevillana,

Arenal de Sevilla, mamita,
Torre del Oro.

Once años, de Santander, y llorando. Haceros una idea. Las señoras, amigas de la casa, que la contemplaban, decían en serio: «¡Qué monada, qué rica! ¡Lo hace admirablemente!», y mi madre, encantada. Muchos años después, recordando esto con ella, nos hemos reído francamente sintiendo como yo ahora ese lejano perdón que concede el tiempo a los hechos estúpidos.

Me ha ocurrido muchas veces que estas señoras gordas que frecuentaban mi casa y que dejaron de verme a los seis o siete años, cuando me he encontrado con ellas veinte después han quedado asombradas contemplándome y han exclamado esta primorosa estupidez: «¡Ay, Santiaguito! ¡Está hecho un hombre...!». Uno ha llevado una mediana educación y sonriente ha contestado: «Sí, claro, un poco». ¿Qué iba uno a decir?

Mi madrina de pila, que era bella, bellísima y dicen que inteligente, dejó de verme a los tres años para encontrarnos de nuevo teniendo ya cumplidos los treinta. Desde luego ya no era bellísima. Su inteligencia le dictó al verme lo siguiente: «¡Jesús, Jesús! ¡Cómo ha crecido este chico!».

¿Quién no ha escuchado algo semejante? ¿Dirán los hombres de mañana algo parecido a lo que escribo? Yo creo que no tanto, pero ¡quién sabe!

Yo sé que he ido por la calle a la «pata coja» sin pisar raya, y al encontrarme con una longitudinal posaba los dos pies, uno en cada losa y a cada lado de la ranura. Y he pasado un palo por el rizado de un cierre metálico produciendo un ruido desagradable. Y que he gritado como un condenado al cruzar ante la puerta abierta de un gran portal de esos que tienen la resonancia más profunda, verdaderos Chaliapines de la construcción, y me he puesto entre dos árboles o entre dos piedras que marcaban una meta de fútbol y he dicho: «Yo era Alcalde. Venga, ¡chuta!». Este Alcalde era el guardameta más famoso de aquella época.

Recuerdo igualmente que yo me desvivía por presenciar las reuniones familiares cuando concurrían numerosos amigos y charlaban, jugaban al póquer o bailaban al son de un gramófono. Aparecía yo por las puertas con un aire tristón y desvaído que me valió el que mis hermanas me llamasen «Santiago Ontañón de trapo». Inmediatamente mi hermana mayor se abalanzaba hacia mí y cogiéndome por un brazo me plantaba en el pasillo diciéndome: «Anda, vete a jugar con las niñas» —mis otras hermanas pequeñas—. Yo me iba refunfuñando y llamándola «¡Alcachofa!», apodo que le había tocado en suerte al decir nuestro por su nariz, que debo confesar que era totalmente normal. Claro está que lo que entonces, ni posiblemente ahora, sabían mis hermanas, era que mi insistencia en frecuentar las reuniones es que en secreto ya me gustaban las visitantes con apetitos misteriosos en aquel entonces pero hoy ya descubiertos ampliamente.

Entre las innumerables tonterías que se dicen y hacen en la infancia, recuerdo varias que me han sido repetidas múltiples veces a lo largo de mi vida. En cierta ocasión, teniendo yo cinco años, una doncella de casa me llamó Santiaguito, de lo cual yo protesté y pedí que se me llamase «señorito Santiago». Es curioso cómo hoy esta palabra de «señorito» es la que más odio de todo el idioma por su fonética y sobre todo por su significado.

Por esta época, y anticipando mi amor actual por la poesía, me decidí a ser poeta componiendo un poema de corte bucólico que empezaba con este verso, que es el único que recuerdo:

La «faluta» campesina

Esto de «faluta», como habréis comprendido, quiere decir flauta, pero que mi desconocimiento total de la ortografía, cambiando la colocación de la «ele», creó esta bella palabra que tiene algo de náutica, un próximo parentesco con falúa.

Acostumbraba frecuentar la biblioteca del Club de Regatas, del cual mi padre era socio fundador, y que, debido a esto condición, yo gozaba del privilegio de hojear la Ilustración Ibero-Americana y escuchar el melancólico carrillón del reloj de la sala de lectura que me llenaba de una dulce tristeza. Cierto día, mi padre dijo al bibliotecario que me diese un libro de Pereda, que empecé a leer con entusiasmo, mas de repente, ¡horror!, vi escrita la palabra «puta» que me dejó anonadado. Cerré el libro y no me atreví a decírselo al autor de mis días. Desde aquel momento, el escritor montañés para mí era algo así como el Diablo mismo. ¡Pobre don José María Pereda! La vida de los niños suele ser muy desdichada. Uno ha servido de cimbel para cosas atroces. Mi primer corte de pelo, por ejemplo, fue una verdadera catástrofe. Mi hermana mayor tenía puesto su orgullo en el tocado de mi cabeza, la del único hijo varón de una familia que entonces se componía de cuatro hermosas criaturas y que llegamos a sumar (felizmente hasta la actualidad) siete, entre las cuales me encuentro situado como el jueves entre los días de la semana: en el centro. Mis primeros cuatro años ostenté unos maravillosos tirabuzones rubios dignos del ángel más hermoso que saliera de los pinceles de Pietro de Fiessole..., mas hubo de llegar el momento solemne en que se decidiese el ostentar orgulloso mi condición masculina en lo que respecta a mi aspecto exterior. Habían de cortarme mis hermosos cabellos, estos cabellos, ¡ay!, hoy tan llorados ante los espejos delatores. Mi hermana, que gustó siempre de adoptar modas que venían de fuera, deseaba verme como a ciertos principitos que había visto retratados en una revista. Es decir, con un corte de pelo y peinado a la manera de los hombres mayores, con su raya al lado y sus dos «bandeaux» dividiendo graciosamente la cabeza. Duró muy cerca de una hora la explicación al aña que había de llevarme a la peluquería habitual donde mi padre concurría. La muchacha, hecha un verdadero lío con tanta explicación, llegó al peluquero y dijo simplemente: «Este es el hijo del señor Ontañón y que le corten el pelo.». Y no pasó nada, es decir, me cortaron el pelo como entonces era costumbre a los niños de mi edad. Me hicieron la mar de monadas los oficiales peluqueros, monadas de todas clases menos la de cortarme el pelo como era la ilusión familiar. Cuando llegué a casa, mi hermana estuvo a punto de sufrir un síncope. El trabajo del fígaro había dado por resultado lo siguiente: un rapado total de toda la cabeza exceptuando un minúsculo flequillo peinado graciosamente hacia abajo y de dos patillas que, rizadas convenientemente, daban la sensación de que llevaba un amarillo clavel reventón descansando sobre cada oreja a la manera y duplicadamente de los manolos y manolas de pandereta, o simplemente como un borriquillo en romería.

Fue algo espantoso. Mas lo que son las cosas, veinte años después, contando este hecho memorable a cierta belleza francesa, por el conducto de la risa, llegamos a ciertas cosas que a buen seguro en la lejana época del suceso yo estaba muy lejos de sospechar.

Pero esto es un recuerdo que perdura en la memoria a través de relatos familiares, los malos son los otros, los que nos salen de vez en cuando a la cara, tiñendo de rojo vivo las mejillas. Los graves son los que, cuando a los catorce años, se era germanófilo en la guerra de 1914 y, con una ignorancia y pedantería sin límites, uno discutía con un hombre de cuarenta teniendo que oír que me dijesen: «Mira, niño, tú eres muy pequeño para hablar de estas cosas que no entiendes». ¡Oh, la razón y la sabiduría de los años! Hace unos meses oí a mi sobrino, que a la sazón cuenta doce y para su desgracia le educan a la manera del Imperio, que «la causa de la decadencia española se la debemos a Inglaterra». Queriéndole como le quiero, sentí verdaderos deseos de darle un «cosque», pero viniendo a mi memoria el consejo escuchado el año 14 lo repetí esperando que a su vez él tenga que remozarlo de nuevo dentro de otros tantos años.

La infancia es un camino hacia la estupidez que es la adolescencia, y a su vez esta lo es hacia la pedantería que es la juventud que va camino de la madurez, que es la sabiduría que acaba en esa vuelta a la infancia que es la vejez.

Procuremos no decir a los hijos de nuestros amigos, niños de hoy, dentro de treinta años, que han crecido mucho, eso habremos salido ganando y de menos cosas tendremos que dar cuenta el día del Juicio Final.

LUNA

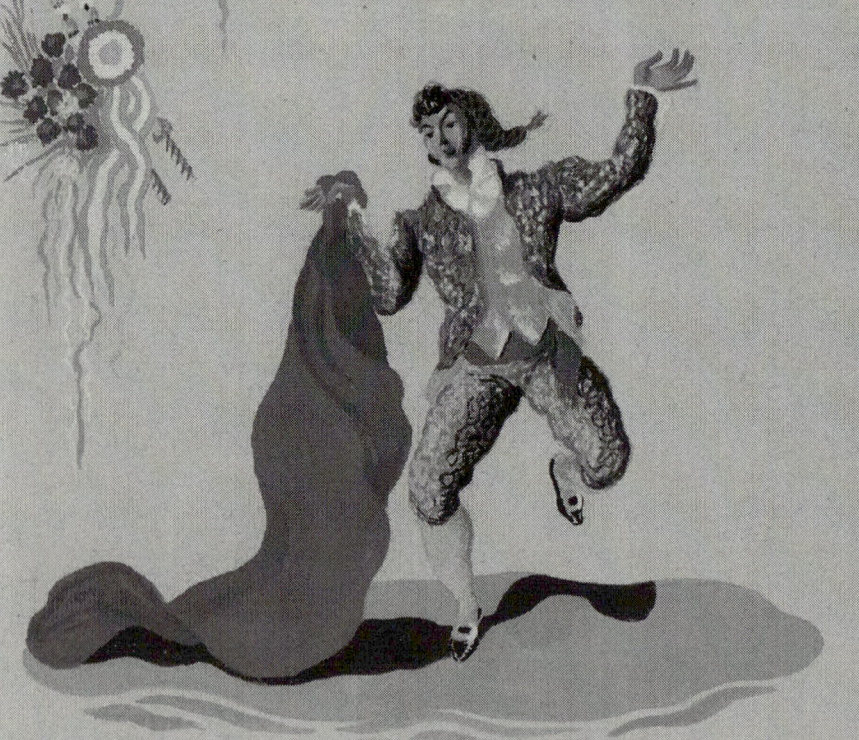

Luna 25
La Conversión (cuento)

DON ESTEBAN ELÍAS se moría. No tenía remedio. Vicenta, la fiel sirvienta, y sus dos hermanas, Encarnación y Dolores, lo veían. Estaba claro como la luz del día. Don Esteban se moría dentro de las normas que corresponden a un sacerdote. Había recibido los últimos sacramentos y había hecho su testamento.

Era este ministro del Señor modelo de virtudes. Si no hubiera comido aquella langosta traicionera, habría llegado a obispo. Condiciones le sobraban para ello. Era alto, esbelto, simpático y elegante. Tenía mucho de los abates del XVI y sabía decir un madrigal sin salirse del límite espinado de la ortodoxia cristiana. En el confesionario dicen que era un encanto. Permitía a las mujeres bonitas el maquillarse, los grandes escotes, ciertas expansiones en los encuentros amorosos.

Él sabía muy bien que Dios es amante de la belleza, de la asepsia y de la gracia y que estas tres cosas se prodigasen, que para eso eran hechura de Dios. Esta era la causa de que don Esteban gustase de las sotanas de fina alpaca en los veranos y de los ricos manteos de lana para las frías mañanas del invierno. Leía a Voltaire y Anatole France, se reía con Rabelais y alternaba sus lecturas entre heterodoxos y místicos. Oía los Evangelios según San Mateo de Bach de rodillas como en oración y escuchaba embelesado, mientras bebía una entibiada copa de Armagnac, un apasionado y sensual vals de Chopin o un minueto de Scarlatti. Era elegante en su conversación, en la liturgia y en su casa. Ante sus hermanas, ante Vicente, solo ante los reducidos espejos de su casa. Era un sacerdote a la moderna, suponía para él una gran voluptuosidad el enfundarse en sus magníficos pijamas de seda dignos del actor más en boga. Los tenía de diversos colores: verde cardenillo, púrpura violenta, cobre relumbrante, ocre transparente, gris perla y señorial. Sus hermanas sentían cierta inquietud por estas licencias

173

—«¿Estaría permitido?»—. Mas cuando él lo hacía... Hasta dudaron de imitarle, pero no se atrevieron.

Era un sacerdote simpático —hay que ser justo—. No se le notaba que era cura. Hacía la caridad sin que su mano derecha se enterase de lo que hacía la izquierda que es como manda Dios. Dedicaba largas horas a la meditación y a la oración y en el púlpito era un «pico de oro», como decían sus feligreses.

Como buen navarro, era buen comedor, y a veces entraba en el recinto de la gula, pero, como él sabía muy bien que este es pecado venial, lo practicaba sin temor. Sabía que Dios no se lo tomaría en cuenta. Gustaba de los platos fuertes y bien salpimentados, era un gran catador de esas salsas misteriosas de que solo ciertos paladares sapientísimos son capaces de especificar sus ingredientes. Su último gran plato fue una langosta a la americana que se pegaba deliciosamente al paladar con esas garritas inquietantes del gusto al Courvoisier sobresaliendo entre los demás componentes de la salsa. «Una rodajita... Otra..., y otra..., y después otra. ¡Está tan rica!» Cuando se dio cuenta, solo quedaba un caparazón escarlata como trozos de una cañería después de una explosión. Más tarde vino el queso —el buen Camembert— y la tarta de manzana cubierta de nata fresca para quitar el gustillo a carne semicruda del *gigot* acompañado de *haricots* blancos a la manera francesa que precedió a la langosta. Y después el café, un café café que teñía la fina porcelana y aromaba la boca que era una bendición. Y el otro aroma, el del Chartreuse ¡tan religioso! ¡Qué bien casaba con el americano sabor del caracolillo!... No se podía estar mejor. Ahora un poco de Gracián: *El Criticón*, que es exquisito a la lectura y regala los sentidos, con casi idéntica sensación que la langosta.

—¡Qué bien me encuentro!

...

—¡Me encuentro regular!

...

—¡Me encuentro mal!

—¡Que venga el médico!

...

—Hermanas, ¡yo me muero!

¿Cómo era posible? Sin embargo, era exacto: don Esteban se moría, se moría a chorros, a una velocidad vertiginosa. Mas, como la elegancia cuando se lleva en la masa de la sangre no hay dique que la contenga, se preparó a morir como era de esperar. Consoló a sus hermanas. Hizo su testamento. Pidió y recibió los Santos Sacramentos y se decidió a morir con la tristeza de pensar que no se volvería a repetir la langosta a la americana. Como gran creyente sabía agradecer a Dios sus maravillas.

Y don Esteban Elías se murió. Previamente, y en un último esfuerzo, se dio a sí mismo la bendición... No fuera que don Rogelio, su coadjutor, al cual no había sido nunca muy simpático, se hubiese descuidado.

La casa fue un valle de lágrimas durante muchos días. Sus hermanas y Vicenta estaban inconsolables. Adelgazaron el 32 y medio por ciento de su peso. La vieja Vicenta, que tenía un sentido popular y exacto de la filosofía estoica, les decía a las hermanas inconsolables:

—¡Vamos, se acabó el dejarse comer por la pena! Se están ustedes quedando en los huesos. La cosa ya no tiene remedio. Hay que sobreponerse y seguir la vida como hasta ahora. Don Esteban desde el otro mundo ha de ver con dolor este camino hacia la ruina. Dios se lo ha llevado... Será por su bien.

Estos razonamientos prendieron en el ánimo de las dos hermanas. Empezaron a comer, se pusieron los pijamas de su hermano, claro está que solo para dormir y sin que, naturalmente, les viese nadie. La habitación del hermano muerto se decidió que quedase tal como él la dejó. Pusieron unas flores y una lamparita a los pies del crucifijo ante el cual él se postraba.

Pero en la casa quedaba una prenda que su sola contemplación llamaba a las lágrimas de aquellos ojos tan irritados por el llanto: el pijama gris perla dentro del cual don Esteban había expirado. Dolores propuso quemarlo. Encarnación hacerlo pedacitos y fabricar escapularios para ser vendidos por las hermanas de los Ángeles Custodios. No llegaron a ponerse de acuerdo. Vicenta, que tenía ya un plan concebido, intervino.

—Bueno, dejen la cosa en paz. Yo me encargo de que el pijama desaparezca de la casa y vaya a buen destino.

Y así fue.

La buena Vicenta tenía un sobrino. Era un bala perdida, pero, posiblemente debido a ello, Vicenta sentía por él especial predilección. Su sobrino se llamaba Mariano. Era ateo, trasnochador, jugaba a los naipes y a la ruleta, bebía con exceso, gustaba poco de trabajar, era mal hablado y reunía todas esas condiciones necesarias para ser un calavera —que se decía antes, y un golfo que se dice hoy—. Con todas estas ventajas para ser un potentado solo consiguió ir trampeando viviendo a costa de su madre, comadrona en el Hospital General, mujer buena y trabajadora al igual que su hermana Vicenta.

A este magnífico ejemplar de la vagancia humana fue a parar el flamante pijama gris perla de don Esteban Elías. Llegó Vicenta a casa de su hermana. Mariano, metido en su cama a pesar de ser la una de la tarde, leía una novela picaresca. Cubría su cuerpo una poco limpia camiseta de franela. Al sacar su tía el hermoso pijama, el mozo dio un respingo. Era su sueño dorado. Sin respeto a la presencia de Vicenta dio un salto de la cama quedando en el centro de la habitación como un futbolista de esos de equipo de quinto orden con campo sin vallar en el extrarradio. Como un demente vistiose el pijama y fue a mirarse, coquetón, al espejo del armario de luna del modesto cuarto de su madre. El pijama a partir de aquel momento fue suyo y como tal lo disfrutaba con largueza.

Aquí podría acabar la breve historia del pijama gris perla de don Esteban Elías, pero ocurría algo sobrenatural, algo que escapa a la comprensión de los humanos. Se trataba del espíritu de don Esteban. Este delicioso espíritu que daba a la apariencia del sacerdote sus refinados apetitos, era, naturalmente, catador de sensaciones exquisitas. Y una de ellas, la de introducirse en el magnífico pijama de reluciente seda, con reflejos de seda artificial pero que no se notaban en nada. ¡Se encontraba tan bien! Le daba pena abandonar tan deleitosa envoltura, y puesto que el pijama fue estrenado la noche de la muerte, y don Esteban había muerto casi en olor de santidad, decidió seguir disfrutando de este placer unos días más. Alí estaba el espíritu decidido a no abandonar tan pronto el placer de la seda acariciándole amorosamente. Y ocurrió... Mariano aquel día, el del reestreno del pijama, no salió de casa. Tumbado en la cama, saliendo al balcón para que le viese aquella vecina rubia tan guapa, leía la novela picaresca. Mas cosa rara, el libro se le cerraba con demasiada frecuencia, se le caía de las manos con una persistencia que empezaba a ser aterradora. Los ojos se le cerraban como si dos manos invisibles presionasen en los párpados hacia abajo. Algo le decía que dejase de leer. Era el espíritu de don Esteban que hacía de las suyas, esforzándose por alejar del pecado al descarriado Mariano. Este era bastante bruto, mas no lo suficiente para no percibir este poder sobrenatural que le perturbaba. Don Esteban —su espíritu— le hablaba de Dios, de su doctrina, de su bondad Mariano empezó a preocuparse. Al atardecer, el espíritu, como todos los días, fue a dedicar a Dios sus oraciones y, contemplando el crepúsculo indescriptible de belleza, se postró de rodillas, juntando sus manos en actitud de plegaria. Rogó a Dios por él y por el alma descarriada de Mariano.

El sobrino de Vicenta sintió un fenómeno extrañísimo: una fuerza invisible le empujaba los brazos, quedando la línea en los codos, mientras sus manos se juntaban como en los éxtasis religiosos de los museos. Al mismo tiempo sus rodillas se doblaban haciéndole caer de hinojos ante el cielo levemente azul. Era el espíritu de don Esteban que dentro del pijama le obligaba a remedar sus actitudes. Mariano se asustó. ¿Qué es esto? ¿A qué viene esta actitud inconsciente, este caer de rodillas como si hubiese vuelto al colegio de don Ramón en el cual estuvo debido a los castigos, más tiempo de rodillas que sentado? ¿Qué será esto, Dios mío?

El contacto con la seda, que a su vez tenía el del alma de don Esteban, transmitía hacia Mariano irradiaciones de santidad. Un fuerte mandato le gritaba cuando intentaba volver a la novela picaresca: "¡El *Kempis*, el *Kempis*!" ... Y él, sin podérselo explicar, fue al cuarto de su madre y cogió el piadoso libro. Su lectura no le divertía, pero se lo leyó de un tirón como si se tratase de las aventuras de Casanova. Después se durmió. Al día siguiente, la voz del espíritu le dijo: "Reza conmigo, hijo mío". Y él, obedeciendo al mandato del pijama, volvió a doblar sus rodillas, a juntar las manos y ahora, sobre la cama, se puso a rezar piadosamente. No se había dado cuenta, pero lo estaba haciendo ante una foto de Joan Crawford vestida con un traje de baño bastante impúdico. Cuando su madre le trajo el desayuno, Mariano, siguiendo el mandato de don Esteban —su espíritu—, dijo a su madre:

—Mamá —su madre se extrañó. Era la primera vez que así la llamaba, siempre lo hacía diciendo madre—. Yo quisiera confesarme.

Su madre, mujer cristiana a más no poder, quedó anonadada.

—¿Qué dices, hijo?

—Sí mamá, me quiero confesar. Creo en Dios, me molestan los ateos. ¡Creo, creo...!

¡Qué bien imitaba la voz que dentro del hermoso pijama gris perla le dictaba!

Su madre no quería desperdiciar la ocasión.

—¡Ahora mismo, hijo mío, ahora mismo ...! para que no te molestes voy a buscar a don Sergis, mi padre espiritual. Arréglate, aséate un poco, que no te encuentre así.

El espíritu de don Esteban se alegró de estas recomendaciones, pues, entre nosotros sea dicho, Mariano rezumaba un oscuro sudor que quitaba esplendor al magnífico pijama a la par que le prestaba un tufillo que al espíritu de don Esteban, ¡tan elegante!, se le empezaba a hacer insoportable.

Se encaminó Mariano, mientras su madre corría a avisar al confesor, hacia una especie de cuarto de aseo improvisado por ella, que aunque comadrona tenía sentido de la asepsia, y en el cual había una flamante ducha fabricada con una regadera y un barreño de rojizo y brillante barro extremeño. Se despojó del pijama con cierto dolor. ¡Se encontraba tan guapo, tan elegante! y lo colocó sobre una silla. Haciendo un gran esfuerzo se situó bajo la regadera. Como ya no estaba bajo el influjo del pijama soltó un terrible taco al sentir el frío en los pies al contacto con el barreño mojado. El pijama tuvo un movimiento como si fuese empujado por una corriente de aire. Pasado el primer escalofrío tomó fuerzas, tiró de una cuerda y se dispuso a aguantar el chaparrón. Cayó el agua fría sobre aquel cuerpo ahora libre al pecado y Mariano, al sentir el húmedo contacto, vociferó la más feroz de las blasfemias. Fue algo horroroso. ¡Qué bárbaro! Mientras se frotaba con sus manos todo su cuerpo, repetía con la voz entrecortada la espantosa blasfemia. El pijama cayó al suelo; era el espíritu de don Esteban que no podía permanecer delante de aquel monstruo y se marchaba diciendo: "¡Anda y que se condene!".

Al salir de la ducha, Mariano totalmente abandonado por la influencia del pijama se dijo: "¡Soy un imbécil! ¿Para qué he dicho yo eso? Confesarme yo, ¡sí, sí!". Se vistió rápidamente y salió a la calle. Al pasar bajo el balcón de la vecina rubia tan guapa, la miró conquistador. Ella se echó a reír, le había visto la tarde anterior rezar de rodillas, místicamente, ante el cielo levemente azul.

Cuando su madre llegó con don Sergis y vio que Mariano se había ido, comprendió que su hijo estaba irremediablemente perdido.

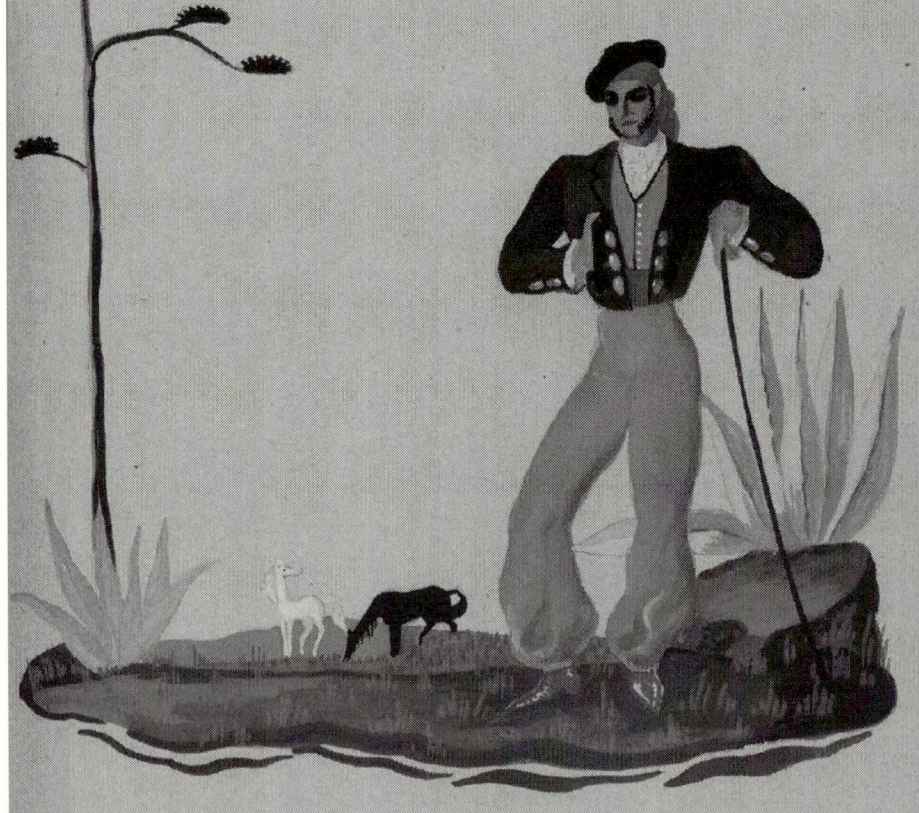

LUNA

Luna 28
El León (cuento)

DON PALIMPSESTO GARCÍA Y VINIEA reunió a sus tres hijos en el comedor de la casa. Eran estos tres. El mayor, León, y los otros dos, Carmencita y Bartolomé. A este último le llamaban Bar para acortar el nombre. Una vez que los tuvo alrededor de la mesa, les dijo:

—Hijos míos, acabo de recibir una carta de mi amigo Silvestre Paratrex que se encuentra en el África Central y que dice lo siguiente en su final: «Te envío un precioso regalo. Espero que sea de tu agrado. Besos a los niños, y un fuerte abrazo para ti de, Silvestre». Como veréis, es un buen amigo, mi amigo Silvestre. El regalo debe ser espléndido. El talón que acompaña a la carta indica trescientos cincuenta kilos, de modo que ¡a prepararnos a esperar el gran regalo!

Los chicos se quedaron locos de alegría. León, que no se distinguía por su generosidad ni su educación, advirtió que si eran cosas de comer, a él le tocaba mayor parte porque para eso era el primogénito. Los otros dos niños protestaron, mas, como don Palimpsesto le tenía cierto miedo a León, le dio la razón.

***

Se encaminó don Palimpsesto a la estación del Mediodía y, cuando presentó el talón en la ventanilla, el empleado dio una voz.

—¡Ya está aquí!... —y después le dijo—: Pase, pase por aquí. ¡Buen regalo, amigo!

Le hicieron recorrer una amplia nave abarrotada de paquetería y le indicaron su expedición.

—¡Aquí lo tiene usted!

Don Palimpsesto no cabía en sí de gozo. Su querido amigo Silvestre Paratrex le enviaba un soberbio león cazado por él mismo en la selva africana.

Cuando llegó a su casa con tan preciosa carga, los chicos

saltaban de alegría a lo largo del estrecho pasillo como si el regalo hubiese sido bombones de «A la Marquise de Sevigné».

Mas tan estupendo regalo tenía un inconveniente: ¿dónde colocarlo? Era un verdadero problema. Por lo pronto la primera noche metieron la jaula en la cocina. A la hora de comer, los vecinos gritaban por el patio:

—¡Esa radio! ¡A ver si la ponen más bajo!

Era el león que pedía de cenar.

El gato de la casa, llamado Pío —en memoria de un santo varón—, que era envidioso, envidioso —más que el niño León que lo era en grado superlativo—, se arrojó por la ventana suicidándose. ¡Era demasiado!

La cena salió bastante floja pues hay que confesar que el armatoste estorbaba bastante. Además, solo comieron las legumbres, pues la carne hubo que echársela al león para que se callase. Sentados los cuatro miembros de la casa en torno de la mesa del comedor no podían disimular su gozo. Se puso a discusión cómo había de llamarse el precioso y africano animal. El hijo mayor, León, propuso que le llamasen Pablo por el enorme parecido que tenía con los retratos que hasta la fecha habían hecho a un famoso líder socialista. Al padre le pareció irreverente y, muy a disgusto de Leoncito, quedó descartado lo de Pablo. Carmencita le quiso llamar Cuchifritín, no siendo aceptado tampoco porque no le iba lo del «tin». Bar, que era de una gran sensatez, argumentó que el nombre más bonito para un León era León. Don Palimpsesto lo encontró de perlas, acertadísimo. Leoncito dio un puñetazo sobre la mesa y dijo que si se aceptaba, él se marcharía a vivir su vida. Se le hizo ver el honor que se concedía a su nombre, y que, llamando León al león, el nombre de León cobraba un gran prestigio. Como el endiablado niño era más vanidoso que un tenor, se convenció. Pidió ser él el que le sacase por las noches a «eso»… a pasear. Aquella noche los niños no durmieron pensando lo que iban a presumir en el Retiro con sus amigos, los demás niños y el padre, pensando el nuevo emplazamiento del arrogante animal.

A la mañana siguiente, la almohada —la mejor consejera— había dictado órdenes estupendas.

Temprano, todavía no se habían levantado los niños, don Palimpsesto desalojó todos los muebles y enseres de su habitación. Hizo venir a un cerrajero que puso hermosas rejas en las dos ventanas y una gran puerta de barrotes de hierro en la entrada del cuarto. Rápidamente pintó con gran maestría magníficas plantas tropicales para dar la sensación al rey de la selva de que no había abandonado su trono. Estaba en todo. Con grandes precauciones puso la jaula al final del pasillo que terminaba en la puerta del hasta entonces dormitorio de D. Palimpsesto, como él había visto en los chiqueros de la plaza de toros, y abrió la puerta de la jaula. Salió altanero el león y de dos zancadas cruzó el pasillo metiéndose en su nueva morada. Con una cuerda convenientemente dispuesta a lo largo del pasillo cerró la estancia pasada a ser jaula y cerrando el pesado cerrojo. Lo primero que hizo el arrogante animal fue asomarse a una de las ventanas. Los vecinos, gente bastante inculta, discutían de ventana a ventana.

—Es Carlos Marx.

—Es Reclus, decía el del tercero que era anarquista.

—Es Fonseca, el de los puros, gritaba un cubano que vivía en el primero.

—Es Flammarión, aseguraba un espiritista del entresuelo.

La hija de la portera, una modistilla de rompe y rasga, vociferaba desde el fondo del patio.

—¿Pero no ven ustedes que es don Palimpsesto que se ha dejado la barba? ¡So voceras!

La fiera dio un rugido y todos estuvieron de acuerdo. Le habían visto muchas veces, le conocían: era el león de la Metro.

Subieron muchos a felicitar a don Palimpsesto y a preguntarle si le había contado cosas de Greta Garbo. Don Palim —como le llamaban cariñosamente no cabía en sí. Inflado como un pavo real repetía con falsa modestia:

—Si no tiene importancia... Esto lo tiene cualquiera.

Los niños, aquella mañana, no salieron a la calle. Pasaron sus horas junto a la puerta de barrotes, y piltrafa de carne ahora, piltrafa después, a la hora de comer solo comieron legumbres. Mas ¡qué más daba!

Bar, que iba para sabio, dijo que él había visto en la Casa de Fieras que a los leones les echaban carne de caballo. Era difícil encontrarla, pero cogieron el caballito de cartón, precioso, que les habían «echado» los Reyes y se lo arrojaron al león. Este se lo comió y luego estuvo más de media hora jugando con las ruedas como si fuese el suicidado Pío.

Así pasaban los días felices y aumentaba el régimen vegetariano. Don Palimpsesto no se daba cuenta de que sus dos hijos menores adelgazaban a ojos vistos. León, el mayor, no tanto, pues como la envidia empezaba a comerle decidió contrarrestar no echando al león la carne que le correspondía.

El león, también perdió peso y un poco el hermoso pelo rubio. De vez en cuando decía algo y los vecinos, que ya estaban en el ajo, no decían: «¡Esa radio!», sino que gritaban:

—¡Ese león!

Y don Palimpsesto tenía que salir a la calle a empeñar algo para echar alimento al león. ¡Eran tan felices! Es decir, solo una persona de la familia se sentía desgraciada... No podía vivir sosegadamente. No se acercaba a la jaula de León, no le hacía caricias ni nada. Era el otro León, Leoncito García y Viniesa. Sus noches eran inquietas, torturantes. El gusano de la envidia se había infiltrado en su carne y por ella campaba a su antojo. Mordía la almohada, cerraba sus puños, daba patadas en la cama. Don Palimpsesto, que se había ido a dormir al cuarto de la criada, la decía:

—¡Ese León!

—¿Qué quiere usted que haga un animal? —reflexionaba la sirvienta.

—No, si no es el león, es mi hijo León.

—León se está poniendo amarillo.

—Todos los leones son amarillos. Los que tienen rayas son los tigres.

—No, señor, el que se vuelve amarillo es León. A ese chico le pasa algo.

—Es la edad —contestaba el padre y volvía a dormirse como un ceporro.

Pero Leoncito se desesperaba.

—¡Que yo tenga que aguantar esto! ¡Que se me postergue de esta manera! ¿No soy yo el único, el verdadero León de la casa? ¡Terminaré matándome! Esto no lo puedo resistir.

Y le rechinaban los dientes, bizqueaba sus ojos en un expresivo gesto a lo Ben Turpin solo que al revés, en triste.

Así se iban sucediendo los días, y el león engordaba y los niños enflaquecían. Hasta el mismo León que no daba su carne se estaba quedando en los huesos. Claro que esto ya hemos dicho que era la envidia, ¡la cochina envidia!

Pasado un mes, el león rugía con demasiada frecuencia. Los lindos y bondadosos Carmencita y Bar sufrían pensando si aquello que hacía sufrir al león sería la melancolía. En cierta ocasión en que estas dos preciosidades se plañían de la tristeza de la fiera delante de León, este, con una mirada feroz, les dijo apretando los dientes:

—¡Que se muera!

Carmencita y Bar palidecieron. Por la noche le acusaron ante don Palim de desear la muerte del rey de la selva.

—Eso está mal, hijo mío —le dijo el señor García a su hijo mayor—. Eso es como desear la muerte a un semejante.

Como si le hubiese puesto en el pecho un hierro candente, León saltó echando chispas por los ojos.

—¡No, papá, no! ¡No me compares! ¡Todavía hay clases! Ese maldito León, ¡le odio!

Y cogiendo el postre que había sobre la mesa dispuesto para el reparto familiar se fue a su cuarto y allí se lo comió gruñendo con gruñidos muy parecidos a los rugidos del león. En su mente se cocía una idea diabólica ¡ Ya verían quién era León!

**

La casa se puso en conmoción. Eran las once de la noche, y Carmencita y Bar no estaban en la casa. ¿Qué les podía haber ocurrido? La portera no les había visto salir. Don Palim tuvo un pálpito. Fue hacia la morada del león. La puerta estaba aparentemente cerrada, mas el cerrojo había sido abierto. En un rincón del cuarto, al pie de un cacto primorosamente pintado por don Palim estaban las ropas, los zapatos, el cinturón de Bar, una cadenita que llevaba al cuello Carmencita. No había lugar a dudas, el león se los había comido. Por una serie de motivos se supo que Bar y Carmencita quisieron poner en libertad al león por ver si con ello podían remediar aquello que ellos creían melancolía. Pero ¡sí, sí! La melancolía era sencillamente... eso... hambre. Y claro, al verlos entrar en sus dominios se dijo para sí:

—¡León, muy bien! ¡Como aquellos dos exploradores! —y se los comió.

—Esto ha sido una barbaridad —le decía don Palim a su hijo León—. Yo creo que la comida que le damos diariamente es más que suficiente. Francamente, está mal.

Leoncito se callaba, mas, como era malo, envidioso y perverso, casi nos atrevemos a confesar que se alegraba. Sí, se alegraba... ¡Los niños son así!

Don Palim le dijo cosas duras al león León, pero él como si nada. Aquella noche no rugió ni una sola vez. Claro. León —el otro, el niño— se entregó al más sosegado sueño que imaginarse puede. Al meterse en la cama se dijo: «Mañana sabrán lo que hace un León García y Viniesa».

El día señalado llegó. Para don Palim fue el más triste de su vida. ¡Qué diría don Silvestre Paratrex cuando se enterase!

Don Palimpsesto, muy de mañana, fue a dar de desayunar a los Leones, y el suyo, el propio, el niño, no estaba en su cuarto. Se encaminó hacia la jaula habitación del otro, del león, el del desierto y cuando echó un vistazo a través de los barrotes quedó petrificado.

En el centro del cuarto estaba León, el niño, con el rostro ligeramente abotagado como esos señoritos de Bilbao después de una «despedida de soltero».

Exactamente debajo del cacto primorosamente pintado por don Palim se podía ver un hermoso rabo de león, unas orejas y un buen montón de pelo rubio sin llegar al platino.

—¿Qué has hecho, insensato?

—¡Comérmelo! Aquí no hay más León que yo. ¡Le odiaba! ¡No podía soportar su presencia!... ¡Era demasiado!

—Pero ¡desdichado! —clamaba don Palimpsesto—. ¿Qué va a decir mi amigo, mi buen amigo Silvestre Paratrex?

—¡Que diga misa! —contestó chulón Leoncito.

Don Palim, viendo que aquello ya no tenía solución, se fue a su cuarto como un autómata, destrozado, hecho polvo, viendo el prestigio adquirido en la vecindad y la oficina caído por el suelo. Entró en su cuarto y se echó a llorar sobre su cama —la de la criada— como esos marqueses el día que llega la República y son abolidos los títulos.

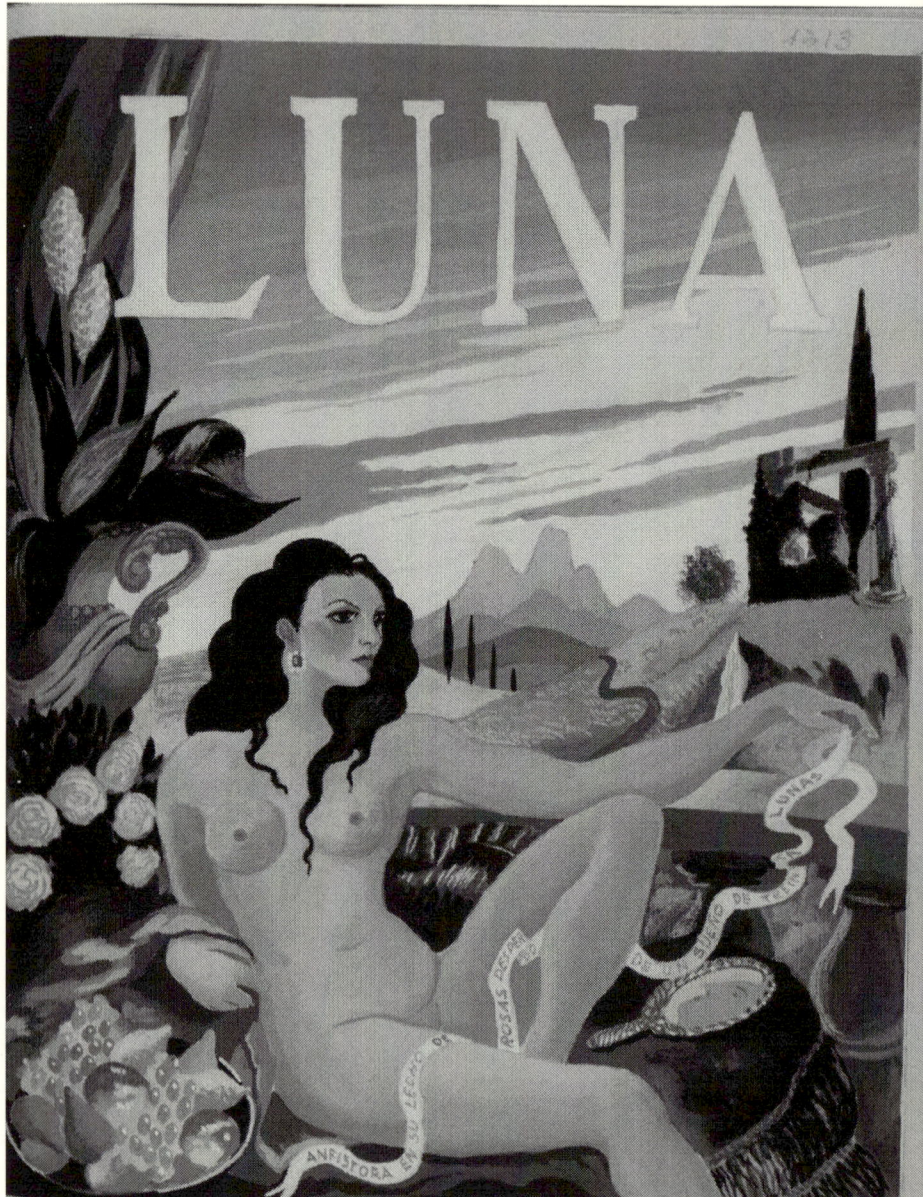

Luna 30
Elvira (drama)

AL levantarse el telón aparecerá un rincón del parque de la finca de recreo del escritor Aurelio Romero. Al fondo el hotel —si el escenario es grande; si no, recomiendo al escenógrafo haga un rompimiento de árboles frondosos de modo que en un forillo, pudiéramos decir, se adivine la fachada del hotel—. Conviene simular una avenida que termine en la casa. Puede muy bien ser una pequeña plazoleta con bancos de piedra, estatuas, siempre dando la sensación de un jardín de grandes árboles de sombra húmeda y perfumada, propicia de la dulce placidez de lo romántico. Aurelio Romero, sentado en una butaca plegable, escribe sobre una mesa del mismo estilo y, cerca de él, su mujer, Elvira, lee una novela. Al alzarse el telón habrá un silencio. Aurelio escribe con ritmo acelerado como cuando faltan las últimas líneas ya pensadas y la mano corre para anticipar el final del trabajo.

AURELIO.—¡Bah! Se acabó. Creo que gustará; si no, ¡qué le vamos a hacer!
Tengo la tranquilidad de conciencia de que a mí me gusta, te soy sincero.
ELVIRA.—¿Le has dado el final que me dijiste anoche?
AURELIO.—Sí. Solo que al caer el telón en vez de hacerle hacer mutis, Pablo queda llorando desesperadamente, vencido, roto, destrozado sobre su mesa de trabajo...
ELVIRA. —Me gusta más. Además, es más teatral; al público, sobre todo al público femenino, le gusta y se les hacen simpáticos los hombres cuando lloran como niños por un mal de amor.
AURELIO.—Por eso lo he hecho. El dejar llorando detrás de un telón a un hombre que se ha visto vivir y sufrir durante dos horas, deja siempre la impresión de que ese desgraciado seguirá llorando eternamente. Y, como dices bien, a las mujeres les hace reaccionar siempre con una alegría un tanto sádica.

ELVIRA.—Es una reacción de revancha, váyase por aquello de que casi siempre las que lloran con más frecuencia somos nosotras.

AURELIO.—Porque sois más fáciles a las lágrimas, estáis más entrenadas.

ELVIRA.—Quizás tengas razón, conviene estar entrenada porque la mayoría de las veces rara es la mujer que no pasa por una época de lágrimas amargas.

Y siempre vosotros los causantes. Confiesa que tengo razón.

AURELIO.—Supongo que estás hablando en representación de tu sexo y no por cuenta propia.

ELVIRA.—Desde luego. Estoy por derramar una lágrima por tu culpa como no sea de felicidad.

AURELIO.—¡Ah, vamos! Menos mal. Además, tú sabes muy bien que yo doy siempre la razón a las mujeres, lo mismo en mi obra que en la vida. Soy de los que creen que los hombres tienen la culpa de todo...

ELVIRA.—Así tienes tú de admiradoras.

AURELIO.—Con tenerte a ti me basta.

ELVIRA.—Eso ya lo sabes tú.

AURELIO.—Por eso soy feliz a tu lado. Si gusta esta comedia, te prometo hacer un viaje..., aquel que proyectamos y no pudimos realizar por causa de mi ciática. ¿Recuerdas?

ELVIRA.—Lo importante es que tengas éxito..., y de eso estoy segura... ¿Dónde piensas estrenarla? ¿En Madrid?

AURELIO.—Estoy dudando. Podría hacerlo en Madrid dentro de mes y medio, cuando empiece la temporada de invierno, pero Rafael quiere llevársela a Buenos Aires y me ha pedido la comedia con mucho interés para estrenarla allí.

ELVIRA.—Por fin Rafael se va a América.

AURELIO.—Eso proyecta.

ELVIRA.—Me parece mal. Debías aconsejarle que no es el momento, creo yo, llegar en pleno verano..., no veo la razón.

AURELIO.—Ya se lo he dicho..., pero insiste, confía en su nombre, en las simpatías que allí tiene para llenar el teatro.

ELVIRA.—Él sabrá..., sus motivos tendrá. Tú te expones a hacer fracasar tu comedia. Además, ¿qué vas a estrenar en la temporada de Madrid?

AURELIO.—Me pondré a terminar enseguida el drama ese que tanto te gusta: Para siempre... Lo tengo muy pensado y puedo terminarlo rápidamente. (*Pausa.*)

EIVIRA.—¿Y cuándo se le ha ocurrido a Rafael el emprender ese viaje a América?

AURELIO.—Hasta ayer no se ha decidido. Por lo visto antes de anoche habló por teléfono con su representante y esta debe de ser la causa.

ELVIRA.—¿No será cosa de Carmen?

AURELIO.—No creo, puesto que, al parecer, ella no piensa acompañarle..., parece ser que de salud no marcha bien.

ELVIRA.—¡Ah! Pues su aspecto parece inmejorable.

AURELIO.—Ya sabes cómo es... Dice que el viaje, a causa del mareo, le hace sufrir tanto que no le compensa...

ELVIRA.—Verdaderamente Rafael merece una mujer mejor. La belleza no es todo.

AURELIO.—Es una chica excelente, lo que pasa es que no está enamorada.

ELVIRA.—Entonces, ¿por qué vive con él?

AURELIO.—Vete a saber.

ELVIRA.—Estoy segura que pretende casarse y lo conseguirá.

AURELIO.—Tampoco creo... ¿Quieres que te diga mi opinión?... No creo que Rafael esté enamorado de Carmen.

ELVIRA.—¿Tú crees?

AURELIO.—Me da esa impresión.

ELVIRA.—Las cosas de la vida entre esta gente del teatro, francamente, no me las explico. Me da la sensación de que la ficción la llevan hasta la calle. Siguen haciendo teatro en su casa, en la de los amigos, ellos hasta cuando se afeitan, ellas hasta cuando dicen que quieren.

AURELIO.—Si les quitases todos esos defectos, quizá perdieran todo su interés. Hay que tomarlos como son.

ELVIRA.—En eso llevas razón. Lo ven todo a través de su profesión. Como aquel cuento del ganadero que veía todo a través de las ovejas: tenía ante sus ojos un paisaje maravilloso y pensaba: ¡Qué bien estarían aquí pastando mis ovejas...! Entraba en casa de un amigo y calculaba la cantidad de ovejas que podía cobijar en ella. Veía un magnífico automóvil y automáticamente pensaba: En este coche podría transportar ocho ovejas..., y así en la vida todo era aplicable a sus animales... Igualmente, para los actores todo es motivo para un truco, para una escena teatral.

AURELIO. —El caso de Rafael es distinto. Tú ya ves cómo, además de su trabajo, tiene otras inquietudes espirituales. Es culto; en literatura —sobre todo la moderna— conozco pocos que puedan igualarle, tiene una sensibilidad finísima para la pintura y para la música unas dotes privilegiadas. Es humano, bondadoso, ha pasado varios años viviendo por Europa y conoce a fondo los defectos y las virtudes del mundo. Es actor por un imperativo de su propio talento. Nació actor y tarde o temprano tenía que serlo. Así como el hombre que tiene algo que decir no podrá ocultarlo, él tenía que dar música a las palabras de los genios. Dios sería injusto si no diese al mundo hombres que repitieran —como ellos lo soñaron— el acento de Shakespeare, Calderón, Goethe... Hay actores que nacieron para el grito, la imprecación y el lamento de las grandes tragedias; otros para llenar de amor los teatros del mundo. Rafael sirve para las dos cosas...

ELVIRA.—Como galán apasionado, para «decir amores» —como decís en vuestra jerga teatral—, es lo mejor que he visto.

AURELIO.—Sobre su intuición maravillosa lleva su talento y su conocer la vida que le hace percibir el matiz más sutil, el recurso más puro para engrandecer una escena .

ELVIRA.—¡Es lástima que no podamos admirarle este invierno!

AURELIO.—Intentaré hacerle cambiar de idea.

ELVIRA.—¿Dónde se mete? No le he visto en toda la mañana.

AURELIO.—Salió temprano...; estará por la orilla del río que es su paseo favorito. Está estudiando el Romeo y El emperador Jones de O'Neill, que piensa montarlos con una concepción nueva en la plástica, y que si logra realizarlo tal como es su idea dará que hablar..., estoy seguro.

ELVIRA.—Sin embargo, hoy se retrasa, otros días a estas horas ya estaba aquí... en su pequeña tertulia.

AURELIO.—Ya vendrá, no puede tardar... (*Pausa.*) Decididamente ¿qué título te gusta más, Crepúsculo o Después? Lo tengo que decidir hoy mismo. A mí me gustan los dos por igual, espero tu opinión para ponerle el que sea más de tu agrado.

ELVIRA.—Yo sigo creyendo que *Crepúsculo* responde más al estado de alma de los protagonistas.

AUREUO.—Pues entonces no lo pensemos más. (*Escribiendo.*) Crepúsculo. A Elvira, siempre igual.

ELVIRA.—¿Qué es eso?

AURELIO.—Que te dedico *Crepúsculo*. A mi parecer, la mejor comedia de cuantas he escrito.

ELVIRA.—(*Emocionada va hacia él y le besa tiernamente.*) ¡Aurelio! Siempre igual, sí; siempre igual. Yo te juro que nunca te arrepentirás de esta dedicatoria que me llena de orgullo. (*Transición.*) Ahí llega Rafael con su italiano y su negro en la mano.

(*Al fondo del jardín se ve avanzar a Rafael. Treinta y cinco años, en la mano llevará unos papeles, las copias de las obras citadas anteriormente.*)

RAFAEL.—¿No estorbo?

AURELIO.—Nunca.

ELVIRA.—Le estaba dando las gracias, sabrá que me ha dedicado la obra que acaba de terminar.

RAFAEL.—Lo que le faltaba a la comedia para ser una de las mejores obras de teatro de nuestro tiempo.

AURELIO.—Bueno, bueno... Vamos a dejarlo..., no vaya a ser que luego el público diga lo contrario.

RAFAEL.—Aunque por el momento así fuese, no pasaría mucho tiempo sin que fuese a formar parte de entre las primeras obras maestras.

ELVIRA.— Tanto le va a decir usted que tendrá que suprimir la dedicatoria.

RAFAEL.—¿Por qué, Elvira?

ELVIRA.—Porque mi insignificancia no guardará proporción con la obra.

AURELIO.—Vamos, vamos, Elvira, no seas modesta. Para mí eres lo más admirable de la tierra.

RAFAEL.—Lo dice persona autorizada.

ELVIRA.—Bueno..., pues ¡qué le vamos a hacer!

AURELIO.—(*Jovial.*) No hay más remedio.

RAFAEL.—(*Igualmente.*) Resignarse.

(Ríen.)

AURELIO.—¿Cómo se ha dado el paseo? ¿Se ha estudiado mucho?

RAFAEL.—Bastante. Me ha ocurrido una cosa muy graciosa. Leyendo en voz alta *El emperador Jones* sin darme cuenta repetía el papel como si estuviese en escena. La espesura del bosque en la orilla del río llegó a ponerme tan en situación que me parecía oír el tam-tam alucinante de las tribus haciéndome el cerco. Hubo un momento en que grité desesperado el horror del emperador fugitivo y me hicieron volver a la realidad tres muchachas lavanderas que salieron corriendo gritando espantadas: ¡Un loco! ¡Un loco!

ELVIRA.—¿Es posible?

AURELIO.—Es graciosísimo.

RAFAEL.—Lo que oyen. Les grité haciéndoles ver mi cordura y, cuanto mayores eran mis gritos, más las espantaba. Opté por volver tranquilamente... y aquí me tienen.

AURELIO.—Lo cual quiere decir que cuando lo hagas sobre la escena tendrás el triunfo, del que estoy seguro.

RAFAEL.—Ya veremos. (*Transición.*) Bueno, de manera que la comedia está terminada, ¿no?

AURELIO.-Está.

RAFAEL.—¿Títulos?

AURELIO.—*Crepúsculo.*

RAFAEL.—¿Por fin?

AURELIO.—Sí, Elvira es la que ha decidido.

RAFAEL.—Me alegro haber coincidido, a mí también me gusta más... Y ahora que todo está terminado, ¡venga la comedia!

AURELIO.—¿No tienes confianza?

RAFAEL.—No, no, Romero, las cosas en fresco... que a lo mejor se vuelve usted atrás.

AURELIO.—*(Riendo.)* Eres un desconfiado. Debiera de castigarte por esa desconfianza.

ELVIRA.—¡Ay! ¡Ay! Como que estoy por creer que su visita a este retiro lleva sus miras...

RAFAEL.—¡Eso nunca!... No, Elvira, eso ni en broma. La idea de que esa broma pudiera llevar un ápice de creencia en ustedes de que yo he venido a verles con otra intención que no sea la de pasar unos días deliciosos en su compañía me haría renunciar a esa obra de la que tanto espero.

ELVIRA.—No lo tome usted tan en serio...

AURELIO.—Es una broma, Rafael.

ELVIRA.—Claro está que, si los días que pasa junto a nosotros son para él deliciosos, no sé por qué ese afán por abandonarnos.

RAFAEL.—¡Elvira! ¡Elvira! No sea usted tan mala. ¿Verdad Aurelio que no es ninguna locura...? Los teatros de Madrid han formado todos su compañía. Para actuar yo tendría que recurrir a una sala de segundo orden, pero yo no puedo hacerlo.

AURELIO.—Eso desde luego. Lleva razón.

ELVIRA.—Me callo, no diré una palabra más. Ustedes saben más que yo de estas cosas.

AURELIO.—Sobre todo Rafael, que lleva fama de conocedor.

RAFAEL.—No lo hago por gusto. Es necesario. No saben ustedes lo que me agradaría —y la prueba es que ya se lo he propuesto a Aurelio que viniesen conmigo...

AURELIO.—Eso no puede ser. Ya te dije que en la «tournée» siguiente iría sin falta... Te di mi palabra de honor.

RAFAEL.—Será un viaje apoteósico... *(Transición.)* Bueno, y ahora que ya estamos aquí solos, ¿por qué no nos lee usted el final que desconocemos?

AURELIO.—No tengo inconveniente, con la condición de que me dejéis ir a pasar a máquina las dos últimas cuartillas. Tengo una escritura tan pésima que ni yo mismo soy capaz de leerla sin tropiezos.

RAFAEL.—Por mi parte espero encantado.

ELVIRA.—Si quieres, Aurelio, lo hago yo.

AURELIO.—No, serías incapaz de descifrarlo. Estoy seguro. Iré yo. Es cuestión de unos minutos. *(Marcha hacia la casa.)*

ELVIRA.—Como quieras.

(Hay un silencio embarazoso. Cuando Aurelio entra en la casa, habla Elvira.)
¿Por fin te vas?

RAFAEL.—*(Se acerca a ella impulsivo.).* ¡Elvira no pue...! *(Ella le detiene con el gesto.)*

ELVIRA.—Rafael, ¡te lo suplico! No te acerques... Nos pueden ver...

RAFAEL.—Una palabra tuya y estaré siempre a tu lado.

ELVIRA.—No. Es mejor, más honrado que te marches, aunque yo me quede aquí destrozado el corazón y tu nombre durmiendo en mis labios.

RAFAEL.—¿Tú me quieres, Elvira?

ELVIRA.—¿Por qué me lo preguntas?

RAFAEL.—Porque quiero oírlo de tus labios.

ELVIRA.—*(Bajando la voz.)* ¡Te quiero!

RAFAEL.—¡Amor de mi vida! *(Vuelve a intentar acercarse.)*

ELVIRA.—Sepárate, Rafael. Por todas partes me parece ver tu mirada que me espía. Es tanto lo que te quiero que siento que mi amor se refleja en mi cara....

RAFAEL.—El mío, por no gritarlo a los cuatro vientos, me anega el corazón y me destroza el alma.

ELVIRA.—¡Qué tarde llegaste a mi vida! ¡Mi vida que parece estar hecha para haber ido siempre unida a la tuya!

RAFAEL.—Estamos a tiempo, Elvira..., una palabra tuya y...

ELVIRA.—Un drama que ni tú ni yo debemos iniciar.

RAFAEL.—¡Te quiero! ¡Te adoro, Elvira!...

ELVIRA.—¡Y yo a ti, Rafael!..., pero...

RAFAEL.—Déjame que te diga.

ELVIRA.—Ten calma..., ¿no ves que muero por no poderte decir tantas cosas?

RAFAEL.—Permíteme que me acerque aunque nos vean, nadie podrá sospechar nada..., pero déjame que sienta el perfume de tu piel; que roce la mía el soplo de tu aliento.

ELVIRA.—Aurelio está para volver.

RAFAEL.—Necesito hablar contigo a solas. No podré marcharme sin haberlo hecho.

ELVIRA.—Tendrás que marcharte.

RAFAEL.—Es como una sentencia de muerte.

ELVIRA.—El decírtelo es como ordenar la mía.

RAFAEL.-Déjame quererte. *(Intenta estrechar su mano.)*

ELVIRA.—¡Por favor!

RAFAEL.—Antes de irme es necesario que hablemos a solas. ¿Dónde?

ELVIRA.—*(Piensa unos instantes.)* Aurelio se retira temprano a su habitación... Yo acostumbro a hacerlo después que él, muchas noches salgo a pasear por el jardín, por lo tanto, aunque se enterase de que lo haga esta noche, no se extrañaría... A las once te espero en este mismo sitio.

RAFAEL.—Se me va a hacer el día interminable.

ELVIRA.—A mí el día... y el resto de mi vida... *(Aurelio aparece por el fondo y avanza hacia ellos.)*

RAFAEL.—*(Poniéndose en pie.)* A las once.

ELVIRA.—A las once.

RAFAEL.—*(A Aurelio.)* ¿Ya está?

AURELIO.—Ya está.

RAFAEL.—Pues venga esa lectura.

ELVIRA.-*(Levantándose.)* ¿Dónde te quieres sentar, Aurelio?

AURELIO.—Aquí mismo. *(Señala el lugar que ha ocupado anteriormente. Se sientan los tres. Aurelio se prepara a leer.)* ¿Vamos allá?

RAFAEL.—Cuando usted quiera.

AURELIO.—*(Leyendo.)* Al levantarse el telón aparece un jardín shakespiriano. La luna ha pintado de azul cuanto mira; suspira el aire entre las hojas; se encienden en su fiebre las luciérnagas y la fuente susurra su pasión de cristal estremecido. La noche y el jardín piden a voces dos amantes. Han acudido temblorosos de amor, como dos lirios que se abren en la noche... Un ruiseñor canta en la enramada para acallar el ruido de los besos...

(Al llegar donde dice: La noche y el jardín... la luz irá bajando lentamente y a su vez la voz irá igualmente bajando de tono. Al decir: Un ruiseñor... se hará casi el oscuro completo y se oirá el canto de dicho pájaro. Unos instantes de oscuro absoluto y lentamente aparecerá la misma decoración bañada por la luna. Se oye el canto del ruiseñor y

el fondo musical de la brisa. La escena vacía de gente. Los muebles plegables del jardín han desaparecido. Por entre los árboles viene Elvira. Por el primer término de la derecha del espectador, Rafael sale a su encuentro. Al llegar al centro de la escena se reúnen y se abrazan amorosamente.)

RAFAEL.—¡Al fin has venido!

ELVIRA.—Son las once en punto.

RAFAEL.—Me adelanté impaciente unos instantes, y ya me parecía que llevaba entre estos árboles lo que llevo de vida.

ELVIRA.—Los pies de mi pensamiento me estaban trayendo hacia aquí desde el último segundo en que nos vimos.

RAFAEL.—¡Qué noche prodigiosa! La primera pasada a solas junto a ti ¡tan cerca!, que no sé si perfumas a la noche o es ella la que te presta su perfume. *(Canta el ruiseñor.)*

ELVIRA.—Y yo no sé si canta el ruiseñor o es tu voz la que armoniza el aire.

RAFAEL.—Te canta el ruiseñor y yo quisiera ser gorjeo de esa garganta encendida.

ELVIRA:—¡Rafael!

RAFAEL.—¡Elvira! ¡Elvira! ¡Elvira! Tu nombre al repetirlo me endulza la sangre y me mece en el viento.

ELVIRA.—Quisiera en esta noche encontrar las palabras más tiernas que se dicen los amantes.

RAFAEL.—Solo hay una.

ELVIRA.—¡Rafael!

RAFAEL.—¡Amor!

ELVIRA.—¡Mío! ¡Amor mío!

RAFAEL.—¡Amor mío! *(Se besan.)* ¡Eres hermosa como un paisaje! ¡Tu hermosura: como un sol entre celajes! ¡Como un ave soñando un sueño de arboledas, siento tu corazón aquí, palpitar junto al mío...! Ven aquí, a la raíz del árbol; tan cerca de la tierra, que seamos como dos cosas de ella sin poder separarse.

ELVIRA.—Por favor, Rafael..., hay palabras que no deben oírse *(Durante estas últimas palabras de Elvira, Rafael la ha llevado hasta sentarse en el macizo apoyados contra el tronco de un gran árbol.)* Esa última palabra salida de tus labios te envenena la voz para matarme.

RAFAEL.—Si tú quieres, Elvira, borraremos del mundo esa palabra.

ELVIRA.—¿Qué quieres decir?

RAFAEL.—Que siempre iremos juntos, con una misma sombra.

ELVIRA.—¿Cómo hacer?

RAFAEL.—Huyendo

ELVIRA.—(*Reflexiva.*) Como es injusto la muerte de un niño. Como es injusto no dejar a dos cuerpos que se amen. Como es injusto derribar un árbol, así de injusto es separarnos... Pero hemos de separarnos. Como se mueren los niños; como se castiga a los cuerpos; como se derriban los árboles frondosos... hemos de separarnos.

RAFAEL. —¿Qué dices, Elvira?

ELVIRA.—Que mañana te irás... Te veré perder en la curva del camino y será como el volver la página más turbadora del libro preferido.

RAFAEL.—Te dije que una palabra tuya y estaré siempre a tu lado. Dila.

ELVIRA.—*(Como un sollozo.)* ¡Vete!

RAFAEL.—No entiendo, Elvira. ¿Por qué entonces me hiciste entrever el Paraíso?

ELVIRA.—Porque me era necesario para seguir viviendo. Tenía que verte, tenía que oír tu voz, tenía que hablarte, tenía que saber el sabor de tu boca... Tenía que venir hacia ti, porque ya soy como una piedra cayendo en un barranco.

RAFAEL.—Pero yo en el fondo de ese barranco para recogerte amorosamente en mis brazos.

ELVIRA.—A la mitad de esa caída, árboles espesos de sensatez me han detenido.

RAFAEL.—El mundo tiene caminos y rincones de amor, y distancias para el olvido.

ELVIRA.—La distancia hemos de ponerla entre nosotros para hacer seguir dignamente su camino a nuestras vidas, Rafael.

RAFAEL.—Yo solo sé, Elvira, que te quiero por encima de la dignidad y las conciencias.

ELVIRA.—Ni tú ni yo podemos dejarnos arrollar por esta ola.

RAFAEL.—Es la ola del amor

ELVIRA.—Seremos como rocas, fuertes al amargor del agua.

RAFAEL.—Olvídate de todo para pensar en nosotros. Yo me quedaré aquí, te veré donde sea, como sea, disimulando, a escondidas, fingiendo. ¡Qué gran actor voy a ser, Elvira...! Pero déjame a tu lado, déjame hablarte, decirte que te quiero, que te amo, que te adoro...

ELVIRA.—No, no, Rafael, no. Nos espera un amor con todo lo desagradable del adulterio. Ni tú ni yo podemos servir para un amor a escondidas, con una amenaza constante detrás de cada puerta, siempre con control de nuestras palabras, sin libertad para escoger el momento para decirnos: ¡te quiero! El techo que me cubra no será jamás el tuyo, tú pondrías los labios sobre la huella dejada por otros y yo sentiría la vergüenza de esos dos besos compartidos. Sería la mentira, Rafael, ¿te das cuenta?

RAFAEL.—Sí, pero el no verte es el dolor más grande.

ELVIRA.—Y el vernos, y el amarnos, es la burla, el escarnio, la traición, la ingratitud, la vergüenza...

RAFAEL.—Yo he pensado, desde el día que sentí tu cariño, saltar, saltar sobre las vallas de todos los prejuicios valientemente, de cara a los hechos. Exponer mi vida si fuera preciso.

ELVIRA.—Diciéndoselo a Aurelio, ¿no?

RAFAEL.—Diciéndoselo.

ELVIRA.—De veras, Rafael, ¿tú crees que Aurelio merece ese tormento? Tú sabes lo que él ha sido para mí y lo que yo represento en su vida. Él me quiere apasionadamente; es para mí un padre, un hermano, el amigo más fiel. Él me ha ofrecido una posición, un nombre, que él ha sabido hacer ilustre; me ha hecho formar parte en el mundo privilegiado en que vive. Al mismo tiempo yo soy como una madre, como un brazo fuerte que le sujeta para no caer cuando su carácter de hombre superior es arrollado por mil matices producidos por su sensibilidad en carne viva. Le quiero tierna, fraternalmente, le respeto.

RAFAEL.—Calla, calla Elvira... Como un arma de metal purísimo, siento que vas abriendo mi carne buscando el corazón que presiente su fin.

ELVIRA.—Yo no amo a Aurelio... No le amo con ese amor de fuente clara, con este amor de rayo de sol apasionado. Con este amor de Rafael ¡que es tu nombre! ¡que eres tú!

RAFAEL.—El único, el solo, el verdadero.

ELVIRA.—Hay un mundo, una moral, un sentido del deber que piden sacrificio, renunciación sufrimiento. Y como le quiero con esa ternura que dejan seis años de una vida en común, limpia, noble, recta, todas esas virtudes me piden un sacrificio, una renunciación a mi deseo... y he de hacerlo. *(Rafael, sin saber qué contestar, queda en silencio. Apoya su cabeza sobre el tronco del árbol y queda pensativo. Canta el ruiseñor inundando el jardín con su voz de sangre enfebrecida.)* ¿Qué piensas, Rafael?

RAFAEL.—Que como Schubert ponía su música en los «lieds» amorosos de Goethe, el ruiseñor pone su música a esta tristísima canción renunciadora que me destroza el alma.

ELVIRA.—No podré nunca volver a oír cantar al ruiseñor sin que su canto ponga un dogal en mi garganta. *(Rompe a llorar desgarradoramente, pero reconcentradamente, sollozando sin exageración.)*

RAFAEL.—No llores, Elvira... ¿Me escuchas? No llores. Tu bondad, tu sacrificio solo puede hacerme amarte con más fuerza. Sería un ser despreciable si no fuese capaz de intentar imitarte en tu nobleza.

ELVIRA.—¡Qué tristeza siento, Rafael!... ¿Te vas, verdad?

RAFAEL.—Tú tienes la palabra.

ELVIRA.—¿Por qué me impones el castigo de decírtelo?

RAFAEL.—Para que mis oídos escuchen tu grandeza.

ELVIRA.—*(Radiante de amor desgarrado.)* ¡Rafael, amor mío! Te irás... pronto, cuanto antes; te irás dejando una estela de sacrificio; te irás hacia el olvido... Miraré al lugar del camino último a mis miradas... y no te veré marchar cegada por mis lágrimas. Te habrás marchado y mi amor te reconstruirá hermoso como esta noche, para tenerte siempre a mi lado. *(Vuelve a cantar el ruiseñor.)*

RAFAEL.—Me pusiste a las puertas del paraíso siendo al mismo tiempo serpiente y ángel. Tu virtud como una espada flamígera me arroja a su vez de tu lado..., ¡tú!, ¡mi paraíso!

ELVIRA.—¡Calla!

RAFAEL.—Pero déjame, en esta única noche, mirar la oscura sombra de tu pelo y el blancor perfumado de tu piel de amaranto. ¡Déjame escuchar tu voz iluminada! ¡Amárgame los labios con el agua manantial de tus ojos! *(La besa los ojos y ella se deja, abandonada. Canta el ruiseñor de nuevo.)* Por un milagro ha hecho Dios que todos los ruiseñores canten igual, así yo, cuando escuche allá lejos un idéntico cántico, te tendré tan a mi lado que ni la separación podrá hacerme olvidarte.

ELVIRA.—¡Calla, amor!, que siento írseme la vida tras ese canto. *(Vuelve a cantar el ruiseñor.)*

RAFAEL.—Escucha.

ELVIRA.—Nos estará mirando, y es posible que sea su forma de llorar ese trino incomparable.

TELÓN LENTO
FIN DEL PRIMER ACTO

Álbum biográfico

Esther López Sobrado

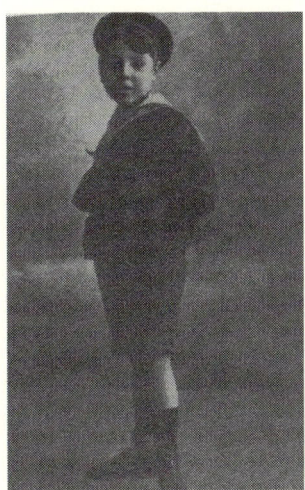

Santiago Ontañón de niño

1903.- Nace Santiago Cecilio Columbano Ontañón Fernández en la santanderina calle de Castelar, el 22 de noviembre. Es el único varón en una familia con seis hijas. Él ocupa el lugar central, «como el jueves entre los días de la semana», recordaba el escenógrafo.

1911.- Alrededor de esta fecha la familia se traslada a Madrid, pero siguen pasando los veranos en Santander, con frecuencia en una casa montañesa en el pueblo de Pámanes, localidad en la que solían también frecuentar el palacio de Elsedo, propiedad del amigo de la familia Félix Herrero.

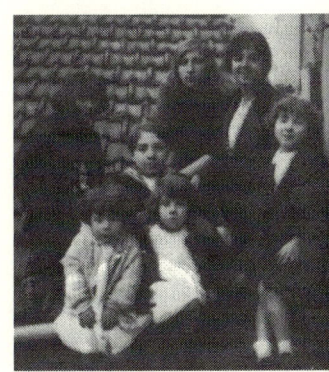

Ontañón cos sus hermanas

1920.- Se traslada a París con su hermana Belina y su madre, Victoria Fernández. Ontañón quiere ser artista y su hermana, dedicarse a confeccionar sombreros. Pero la madre, temiendo que pudieran perderse en *la ciudad de la luz*, decide acompañarlos.

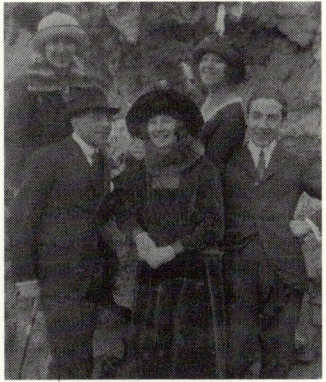

Ontañón con sus hermanas y un amigo

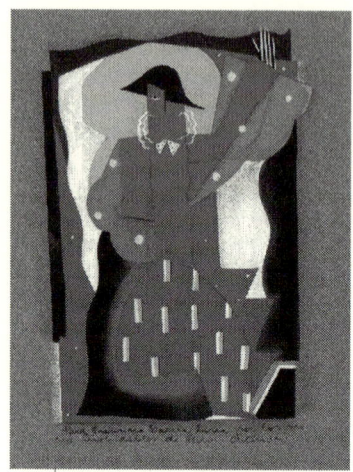

Gouache dedicado a
Federico García Lorca

En París conoce al pintor Beltrán Massés, a quien visita semanalmente y quien le ayudó a vender algunos dibujos.

Se establece en Montparnasse y allí conoce a Picasso, Juan Gris, Manuel Ángeles Ortiz, Togores, Fabián, César Vallejo, y un largo etcétera de reconocidos personajes del mundo cultural.

Se formó en los talleres de Alfred Tolmer en la línea del dibujo moderno, adaptándose al gusto déco que en aquellos momentos se estaba desarrollando en Francia. Participa en la tertulia de los escritores hispanoamericanos, de la que eran integrantes Alfonso Reyes, César Vallejo, Lucho Vargas, Camilo Leónidas y el que se convertiría en su fraternal amigo, Vicente Huidobro.

Frecuentaba las tertulias de La Rotonde, La Closerie des lilas, Le Dôme, o Le Select, donde acostumbraba reunirse con otros artistas españoles como Luis Buñuel, Manuel Ángeles Ortiz, Enrique Hortelano, Diego Buhigas, Federico García Lorca, Jacques Becker...

En París comienza su carrera como escenógrafo al ocuparse, primero, de los trajes y, después, de la escenografía del ballet *Opio* de Boris Kniaseff.

1926.- Participa como figurante en la película *Carmen*, dirigida por Jacques Feyder.

1927.- Vuelve a España para cumplir su servicio militar en el Primer Regimiento de Ferrocarriles de Leganés,

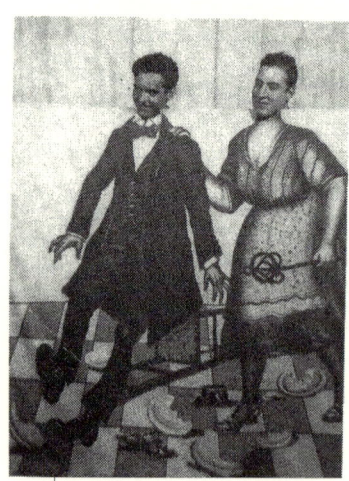

Foto en una verbena con
Federico García Lorca

donde, gracias a su madre, logró vivir cómodamente convertido en el ayudante del capitán Percaz.

1928.- Realiza unas pinturas —una serie de modernos mapas— para el Parador de Gredos, actualmente en paradero desconocido.

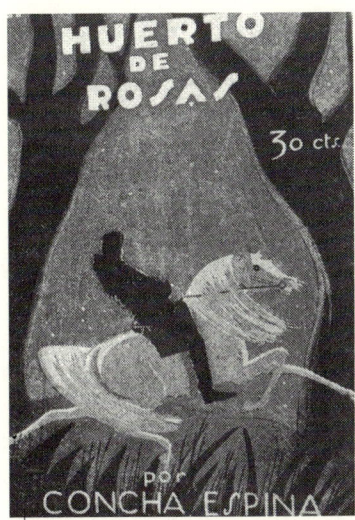

Portada de una novela de Concha Espina

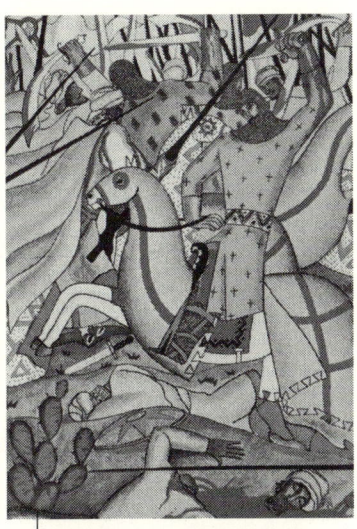

Ilustración de *Mío Cid Campeador* de Vicente Huidobro

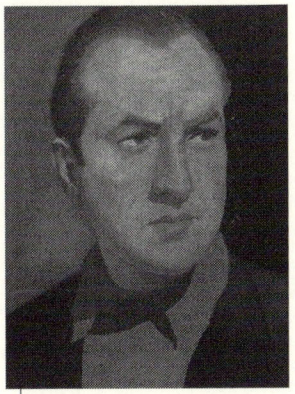

Autorretrato, c.1930

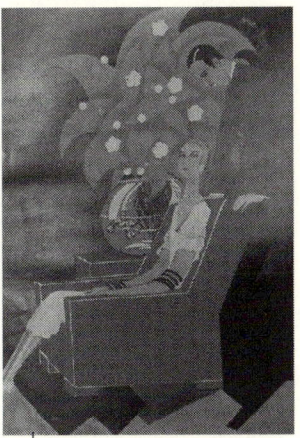

Ilustración para *La Esfera*

Se relaciona, tras su vuelta, con Federico García Lorca, Pepín Bello, Buñuel y sus amigos de la Generación del 27, con los que se reunía en la Residencia de Estudiantes de Madrid y frecuentaba con ellos las tertulias de los cafés de la Calle Alcalá, La Granja El Henar, Negresco, Aquarium, el Lion d'Or ...

Ilustró el libro *Norte* de Luis Amado Blanco, de concepción vanguardista y realiza diversas ilustraciones para las revistas *Mediodía* y *La Esfera*.

1929.- Comienza a ilustrar novelas de Concha Espina.

Ilustra el libro *Mío Cid Campeador* de su amigo Vicente Huidobro, sin duda su trabajo más importante.

Se publica en la revista *Helix* su retrato de Luis Buñuel.

1930.- Participa como actor en la película *El embrujo de Sevilla* de Benito Perojo, con decorados de Mignoni.

Ilustra *Copa de Horizontes* y *Las mujeres del Quijote* de Concha Espina. Asimismo, realizó el retrato de Samuel Ros para su libro *Marcha atrás*, e ilustró *Vida, pensamiento y aventura de Miguel de Unamuno* de César González Ruano.

1931.- Con un grupo de amigos se traslada a Sevilla para homenajear al poeta Fernando Villalón, que había fallecido el año anterior. Iban invitados por Ignacio Sánchez Mejías, que admiraba profundamente a Villalón.

Con Ignacio Sánchez Mejía y Pepín Bello asiste al acto en defensa de la II República que se celebró en el Teatro Juan Bravo de Segovia, en el que participaron Machado, Ortega, Marañón y Pérez de Ayala.

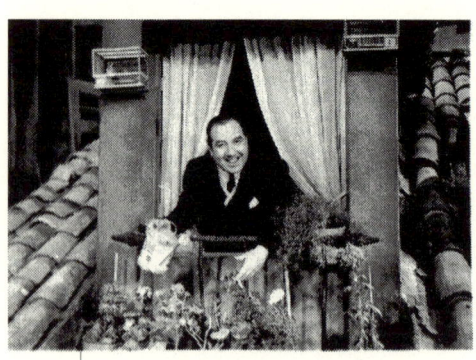

En el rodaje de *Los claveles*

1932.- Colabora con su amigo Federico en La Barraca, ese año se estrena *La cueva de Salamanca* en Burgo de Osma, con figurines y decorados de Ontañón.

1933.- Realiza para La Barraca los decorados de *La tierra de Alvar González* de Antonio Machado, una de las obras más populares de la compañía de Lorca.

Realiza los decorados de *Las calles de Cádiz*, espectáculo icónico de La Argentinita, estrenado en el Teatro Falla de Cádiz, que se representó después, en otoño, en el Teatro Español de Madrid.

El 8 de marzo de ese año se estrena *Bodas de sangre* de Lorca con escenografía de Ontañón y Fontanals.

También se estrenó *Amor de D. Perlimplín con Belisa en su jardín*. En esta ocasión Ontañón además de ser el autor de la escenografía, asumió el papel del protagonista lorquiano.

Durante los años de la II República, Ontañón acostumbraba visitar a Pablo

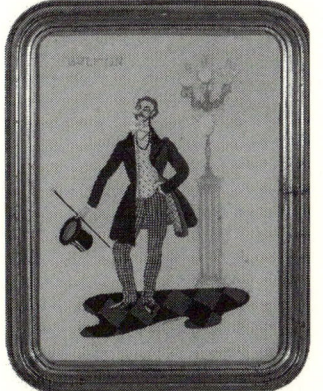

Figurín para el personaje de Bremon

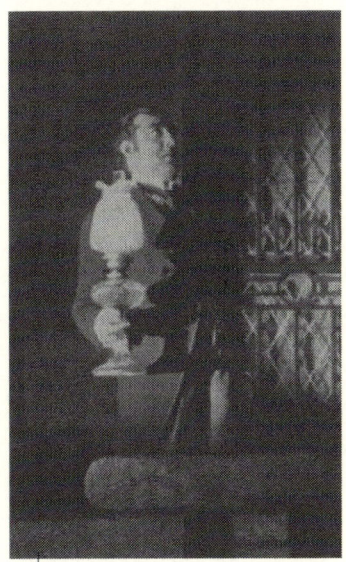

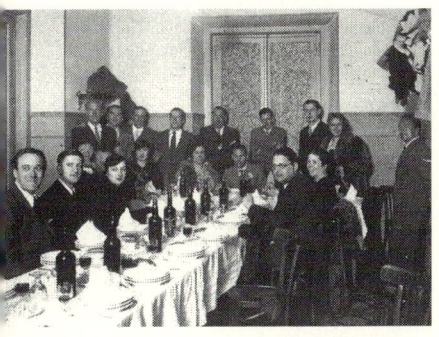

De mayordomo en *Una mujer en peligro*

Banquete en honor de Luis Cernuda, 1936

Neruda, en su *Casa de las flores,* donde los amigos improvisaban a diario tertulias, o la casa de Carlos Morla Lynch, a donde acudía generalmente con Federico García Lorca. También frecuentaba la redacción de *Revista de Occidente* y la casa de los Alberti-León.

1934.- Decora y participa, como protagonista, en la película *La traviesa molinera* de Harry d'Abbadie d'Arrast.

1935.- Hace los figurines de *La verbena de la Paloma* de Benito Perojo.

1936.- Dirige la película *Los claveles,* con argumento basado en la zarzuela homónima.

Trabajó como actor, en el papel de un siniestro mayordomo, en la película *Una mujer en peligro* de José Santugini, protagonizada por Antoñita Colomé.

El 29 de abril participa en el homenaje a Luis Cernuda en el comedor de Casa Rojo en la Calle Botoneras con motivo de la publicación de su libro *La realidad y el deseo.*

El 2 de mayo se estrena en el Teatro Infanta Isabel de Madrid *Morirse es un error* de Jardiel Poncela que cambaría poco después su nombre por *Cuatro corazones con freno y marcha atrás.* Ontañón realizó el diseño del vestuario.

El 13 de mayo participa en el homenaje a Hernando Viñes, celebrado en la Hostería Cervantes de Madrid.

En julio, su firma aparece en el Manifiesto de la Alianza de Escritores Antifascistas en defensa de la Cultura.

La Alianza de Intelectuales Antifascista creó en septiembre su sección de teatro, con el nombre de Nueva Escena. El grupo lo formaban nueve actores, nueve actrices y los escenógrafos Ontañón, Fontanals, Prieto y Sachá. Nueva Escena organizó una exposición con las maquetas que los escenógrafos habían podido realizar. Entre ellas figuraba el nombre de Ontañón.

En octubre se estrenó *El amanecer* de Dieste con escenografía de Ontañón.

Ilustra el libro de Lula de Lara: *12 cuentos. Un retrato y una explicación.*

1937.- Se estrena la película *La reina mora,* de Eusebio Fernández Ardavín, para la que Ontañón hizo los decorados.

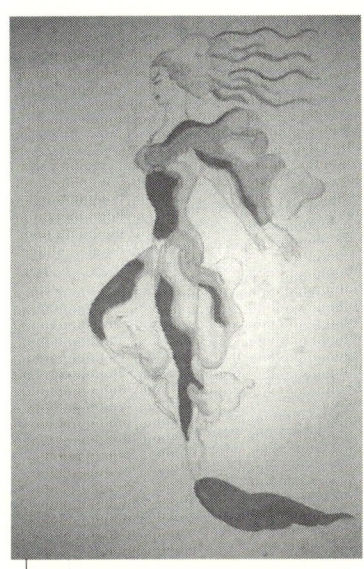

Boceto figurín para *Numancia*

En septiembre María Teresa León estrena *Los títeres de cachiporra* de Lorca con escenografía de Ontañón y música de García Leoz,

Este mismo año, León estrena en el Teatro de la Zarzuela *La tragedia optimista* con figurines y escenografía de Ontañón, autor también del cartel de la obra. Recordemos el hecho de la introducción de proyecciones cinematográficas en la representación, claro ejemplo de vanguardismo.

En diciembre se estrena *El bulo*, texto y escenografía de Ontañón. Y el 28 de diciembre María Teresa estrena el texto cervantino *Numancia*, adaptado por Rafael Alberti. Los figurines y decorados eran de Ontañón.

1938.- En marzo, en el Teatro de Arte y Propaganda, se representa *El saboteador*, texto de Ontañón.

En el Salón de la Alianza de Intelectuales se puso en escena, como homenaje a Lorca, *Amor de Don Perlimplín con Belisa en su jardín*. Era la forma que encontraron de que no se olvidara el crimen. Ontañón y María Teresa León eran los protagonistas.

En noviembre de 1938, en el homenaje de despedida de las Brigadas Internacionales, se representa *Cantata de los héroes y de la fraternidad de los pueblos*, texto de Alberti, dirigida por María Teresa, con escenografía de Ontañón.

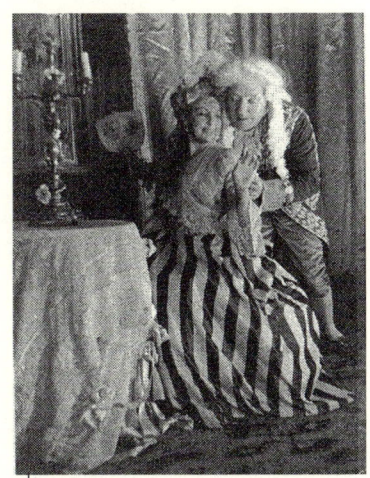

Actuando con María Teresa León en *Amor de D. Perlimplín*

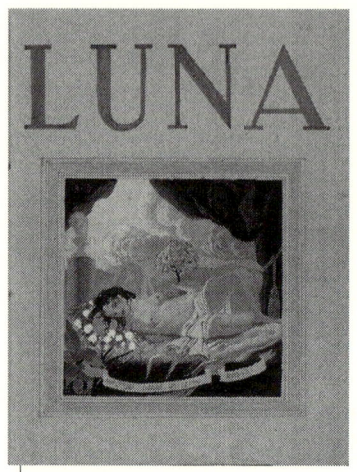

Luna, nº 1

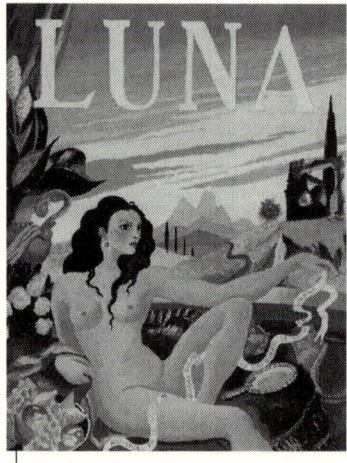

Luna, nº 30

En diciembre, María Teresa funda el Cine-Teatro-Club de la Alianza de Intelectuales Antifascistas y estrena *El enfermo de aprensión* y *El milagro de San Antonio*, ambas con escenografía de Ontañón, posiblemente sus últimos trabajos como escenógrafo antes del exilio.

Realiza dos dibujos para ilustrar *Elegía a la muerte de Federico García Lorca* de su amigo Antonio Aparicio.

Consigue junto a Javier Farias un accésit por su película *Caín*, que no se llegó a filmar completa.

En octubre imparte la conferencia *Francisco Mateos y su arte*, en la sede de la Alianza de Intelectuales Antifascistas, con motivo de la exposición de Mateos y Eduardo Díaz Yepes.

1939.- En marzo la Alianza le envía a Valencia, junto al gobierno de Negrín para hacerse cargo de la radio republicana. Viendo cercano el final de la contienda, piensa en trasladarse a Francia en un barco, pero, al no conseguir ningún pasaje, se vio obligado a regresar a Madrid, donde, gracias a la ayuda de una de sus hermanas, logra ser uno de los 17 asilados en la Embajada de Chile. Fue decisiva la intervención de Bebé Morla con Núñez Morgano, embajador de Chile en Madrid.

El 28 de marzo llegaba a la Embajada, sita en esos momentos en la calle El Prado 26, aunque meses más tarde se trasladaron a la calle Miguel Ángel.

Durante los largos meses de exilio en Madrid ocupó su tiempo, con algunos de sus amigos, en redactar primero el periódico *El cometa* (destruido por miedo, antes de partir para América del Sur) y, más tarde, la revista *Luna*, concebida al estilo de *Revista de Occidente*. Ambos fueron redactados por la noche, por un equipo que se autodenominaba *Noctambulandia*. Los creadores de *Luna* fueron: Antonio Lezama, Antonio Aparicio, Edmudo Barbero, José Campos, Aurelio y Julio Romeo; Pablo de la Fuente hacía las veces de director y Santiago Ontañón fue el ilustrador, además de escritor.

1940.- La noche de 16-17 de junio de 1940 redactan el último número de la revista. Ansiaban poder partir para el exilio. Ontañón fue uno de los últimos en salir hacia Portugal.

1941.- El 1 de enero llegaban a Río de Janeiro, y de allí Ontañón sigue camino hacia Chile, donde le recibe su amigo Vicente Huidobro.

A su llegada a Santiago de Chile recupera a Margarita Xirgu para el teatro y con ella y Edmundo Barbero crea la Escuela de Arte teatral, de la que Ontañón será el escenógrafo de la compañía y profesor de escenografía.

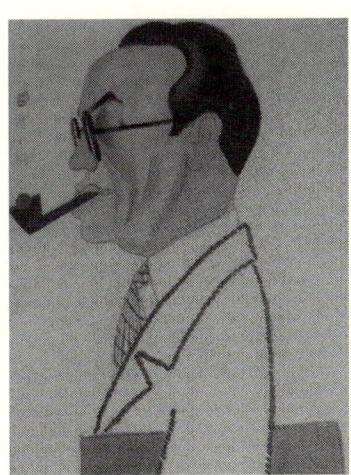

Estrenan *El enfermo imaginario* y *Bodas de Sangre*.

1942.- Mina Yáñez y su esposo, Pablo de la Fuente, crearon el mítico Café Miraflores en la calle Miraflores 461 de Santiago, emblemático refugio de los exiliados españoles. Para sus paredes realizó Ontañón una magnífica colección de caricaturas de algunos asiduos tertulianos.

1943.- Contrae matrimonio con Eliana Bell, conocida familiarmente como *Nana*, joven relacionada con la intelectualidad santiaguina del círculo de Pablo Neruda.

Caricatura de Germán Rodríguez Arias

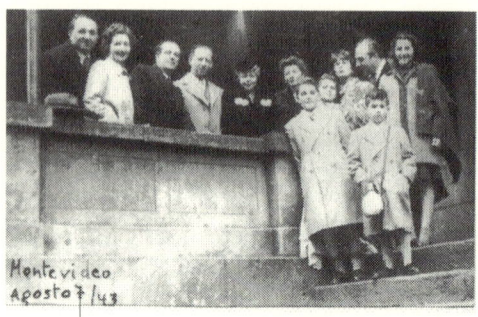

En Montevideo, con María Teresa León, Alberti y amigos, 1943

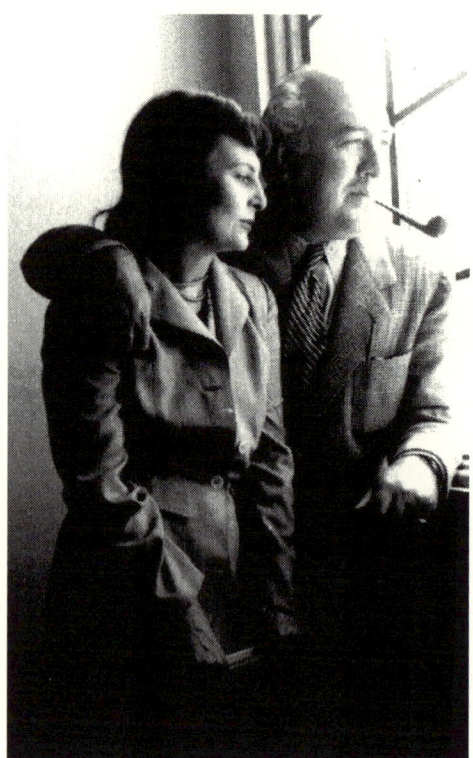

Con Nana Bell en Chile

Se traslada con Margarita Xirgu a Montevideo, al conseguir ella la dirección del SODRE (Servicio Oficial de Difusión Radio Eléctrica), donde entre otras obras representan: *Numancia, Alto alegre, El enfermo imaginario, Mariana Pineda* y un largo etcétera.

1944.- En Santiago de Chile estrenan *El embustero en su enredo* de José Ricardo Morales.

Con Margarita Xirgu se traslada a Buenos Aires, donde representan *La dama del alba, Bodas de sangre, El adefesio...*

1945.- La compañía de la Xirgu estrena *La casa de Bernarda Alba* en el Teatro Avenida de Buenos Aires, con escenografía de Ontañón, cosechando un gran éxito. Se estrenó en Perú *La mujer soñada* con texto de Ontañón, actualmente en paradero desconocido.

1946.- Se crea en Perú la Escuela Nacional de Arte Escénico, para la que contrataron a Ontañón como jefe de escenografía y director plástico de las temporadas del Teatro Nacional.

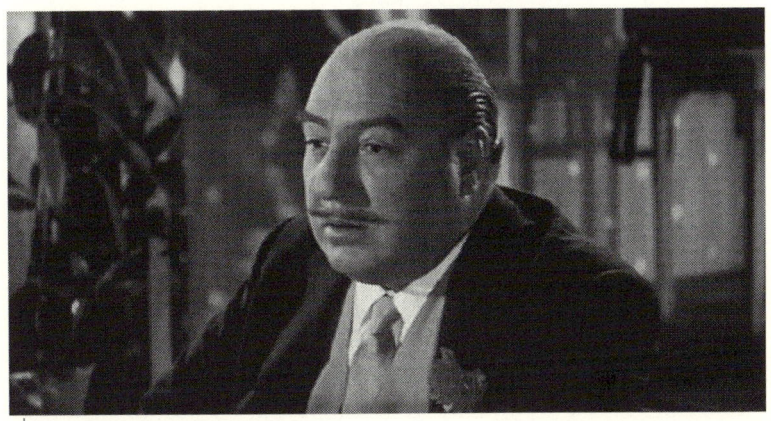

Actuando en *Faustina*, 1957.

1950.- Graba el documental *Lima ciudad de virreyes*, el único que hemos conseguido localizar, pues también rodó *El algodón*, *El azúcar* y *El caucho* y el largometraje *Una apuesta por satanás*, todos, por el momento, perdidos.

1955.- Regresa a España, intentando poner distancia tras el sufrimiento causado por la ruptura con Nana Bell. Frecuenta, como

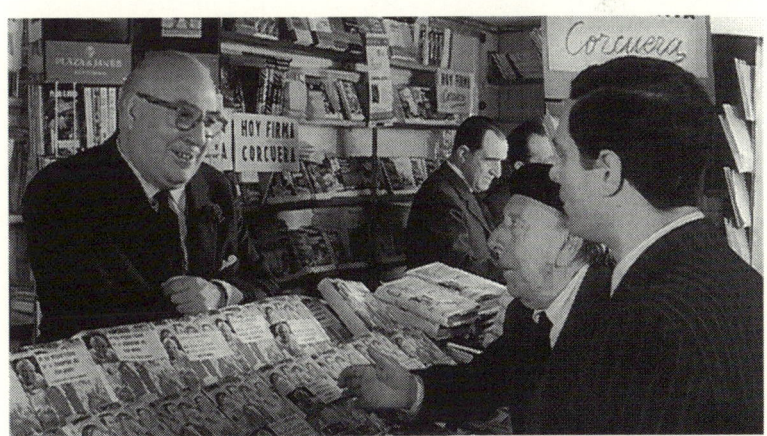

En la película *El Verdugo*

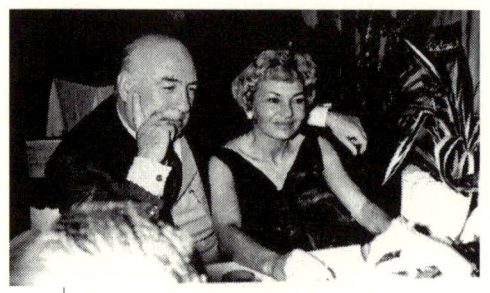

Con Nélida Romero

venía siendo habitual en su vida, las tertulias de Madrid, especialmente la del Café Lion y, sobre todo, la del Café Gijón.

1956.- Viaja a París, posiblemente camino de Suiza, donde pasó unos días con amigos.

Se estrena con escenografía suya *La voz de la tórtola* en el teatro Infanta Isabel de Madrid.

Desde su llegada compagina su trabajo como escenógrafo de su amigo Alberto Closas y de otros directores como Fernando Fernán Gómez, Alonso de Santos, etc., con su trabajo como actor de reparto en numerosas películas

1957.- Se estrena *Faustina*, dirigida por su amigo José Luis Sáenz de Heredia, al que había ayudado Ontañón en la Guerra Civil. Fue su primer trabajo cinematográfico tras el exilio. Hacía un pequeño papel: el de D. Fernando, representante de la cantante interpretada por María Félix.

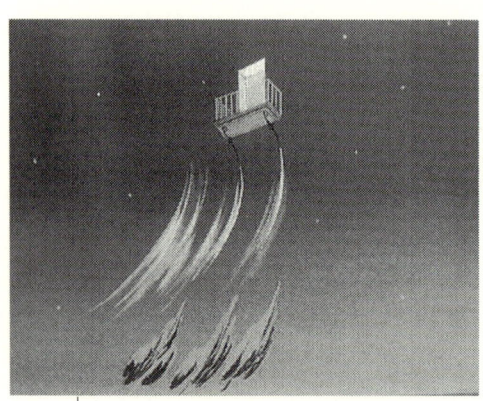

Boceto para el telón de *Ensueño*, del ballet Danzas fantásticas

1958.- A partir de este año realiza diferentes bocetos para ballets de Antonio el bailarín, muchos de los cuales no llegaron a ejecutarse, pero afortunadamente el bailarín los conservó. Destacan los bocetos para *El sombrero de tres picos, Danzas fantásticas, El amor brujo, La Marinera, ballet peruano, Capricho español, Café de Chinitas, Huayno, ballet peruano,* o *La casada infiel.*

1963.- Interpreta al escritor Corcuera en la película *El verdugo* de Berlanga.

1971.- Participa en la película *Varietés* de Juan Antonio Bardem, interpretado el papel de un escenógrafo, en lo que entendemos que es un homenaje del cineasta a la labor de Ontañón. Es alrededor de este año cuando vive un romance con la actriz Nélida Romero.

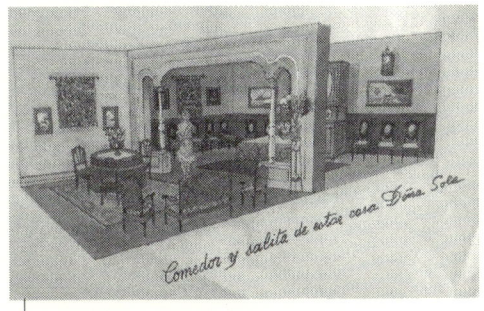

Boceto de escenografía

1977.- Regresan a España Rafael Alberti y María Teresa León, a los que desde la década de los sesenta había visitado en Roma. A partir de ese momento, la

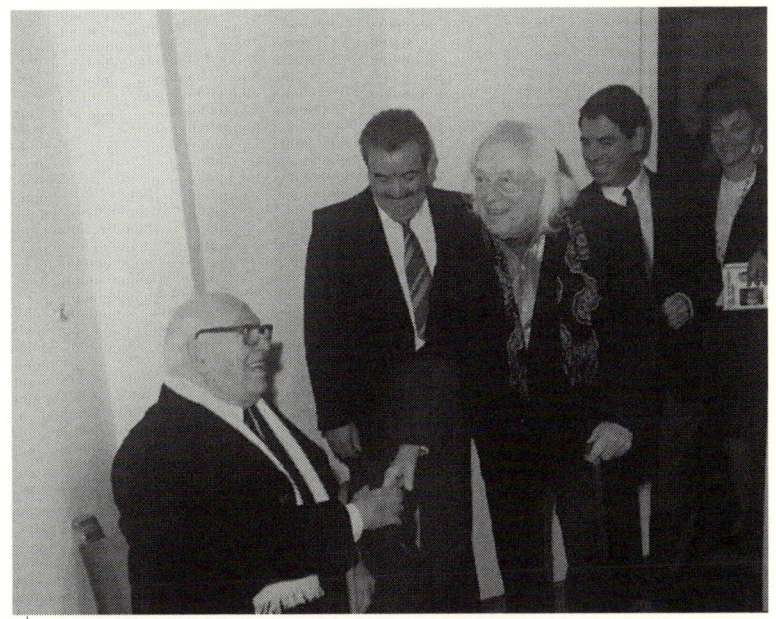

Con Alberti en la presentación de su libro de memorias.

amistad se continúa como había sido habitual en los años treinta, aunque María Teresa viene aquejada de alzhéimer. Hasta su muerte,

Santiago la visita casi a diario, al principio en el domicilio familiar y, más tarde, en una residencia de Majadahonda, donde permaneció la escritora hasta su muerte.

1979.- A comienzos de este año se inicia un conmovedor epistolario con la que fue su esposa, Nana Bell —al conocer Santiago que se ha quedado viuda de su tercer esposo— que se prolongará hasta la década siguiente. Ontañón desea retomar la relación rota a comienzos de los años 50.

1980.- Celebra su 77 cumpleaños con Alberti, Esperanza Roy —a quien le unía desde hacía unos años una entrañable amistad— y Javier Aguirre. Fue una celebración íntima, en la que Alberti le regaló un poema dedicado.

1981.- Realiza la que creemos es su última colaboración en el cine, en *Préstame a tu mujer* de Jesús Yagüe.

De este mismo año es su escenografía para *Solo me desnudo delante del gato* de Juan José Alonso Millán, estrenada en el Teatro del Príncipe de Madrid, la última que hemos conseguido rastrear hasta el momento.

1988.- Publica sus memorias, *Unos pocos amigos verdaderos*, transcritas por José María Moreiro.

1989.- El 27 de agosto fallece en Madrid. Desgraciadamente, su muerte pasa prácticamente desapercibida, tan solo merece recordarse una emotiva necrológica a cargo de Eduardo Haro Tecglen.

CODA / En la muerte de Santiago Ontañón[13]

Los que inventaron la escenografía

Por Eduardo Haro Tecglen

Hubo una generación que tomó el teatro como algo que representaba una fe y un entusiasmo de aficionados y, al mismo tiempo, con toda la seriedad y el trabajo de los profesionales (que llegaron a ser): Santiago Ontañón era uno de estos grandes personajes y, como la mayor parte de ellos, arrancó en La Barraca de Federico García Lorca. Su participación: el cambio en la escenografía, que era un arte muerto y miserable. Con el nombre de Ontañón hay que alinear otros: el escultor Alberto, al que ahora se redescubre, muerto en el exilio de Moscú; Benjamín Palencia; Gaya; Ponce de León; luego, Fontanals y José Caballero. Ontañón incorporó un estilo de síntesis, de líneas y de ángulos audaces, de planos para una nueva perspectiva; una especie de taquigrafía rápida y audaz, unos colores vivos —trajes, maquillajes— sobre fondos blancos —de pueblo: era el momento de un regreso a lo popular— que solía resaltar a los clásicos (entre sus primeras apariciones, unos entremeses de Cervantes).

No andaba lejos de todo ello la influencia de los Ballets Rusos de Diaghilev, con el propio Picasso. Pero aquello era Europa, rica y culta, y esto una España por enseñar, por aprender no sólo a oír, sino también a ver, o a verse a sí misma pasada por una estilización.

Ontañón viajaba con La Barraca; aparecía en ella frecuentemente como actor, dentro de esa línea de la afición desbordante, y como actor se le ha visto después en el cine, cuyo realismo le obligaba a

13 Artículo publicado el 20 de agosto de 1989 en *El País*.

mayores límites escenográficos que el teatro, aunque siempre dejó en él su huella propia y la de su época.

Soledad

Actor episódico: con la gordura del bonachón, sonriente y afable, que fue toda su vida, aun cuando le afligieran las desgracias: perdió una guerra, y su vida tuvo que cambiar bruscamente, y con ella perdió también un sentido, su estilo de dibujante de escenarios y de figurinista. Cuando ha renacido ese arte, incluso cuando se ha desmesurado, y lo que eran líneas y planos se ha ido a convertir en ingeniería y arquitectura, era ya demasiado tarde para él. Ha muerto en la soledad, la ancianidad y el olvido, superviviente de una generación que empezó a inventarlo todo y hasta superviviente de sí mismo. Pero el agradecimiento de sus sucesores no debe faltar para quienes, como él, no tenían apenas el auxilio de las luces, de las masas corpóreas, de los nuevos espacios. Ni siquiera el dinero. Les bastaba con el papel y unos lápices casi escolares de colores. Y la ya perdida imaginación del público.

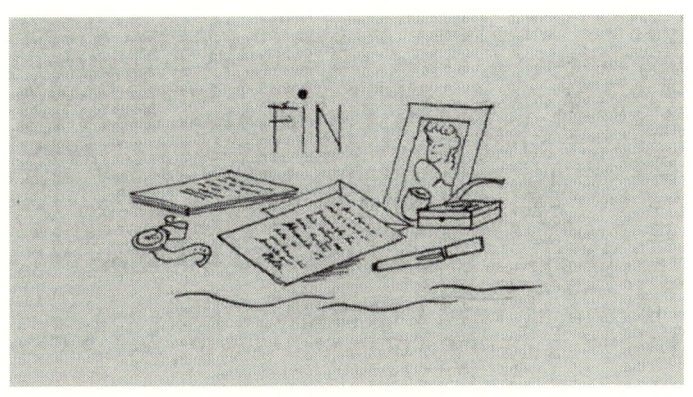

Este libro se terminó de imprimir
para ser presentado
el 22 de noviembre de 2025,
ciento veintidós años después
de que naciera en Santander
Santiago Ontañón